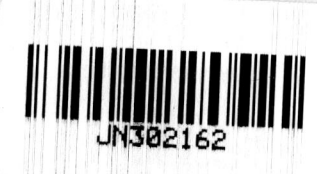

手編み靴下
研究所

林ことみ

Prologue

「手編み靴下研究所」所長ごあいさつ

手編み靴下は難しいと思われがちですが、編んでみればそれほどでもありません。私が最初に靴下を編んだのは、中学校の家庭科でのこと。かかとの編み方が難しいし、ようやく編み上がってもはき口のゴム編みの伸びが悪くてはきにくく、結局あまり楽しい経験ではありませんでした。

その後まったく編むこともなく、三十数年を経た 2001 年のこと。参加したニットシンポジウで習った動物編みぐるみが靴下の応用でした。簡単なテキストの説明しかないのに、参加者はどんどん編んでいます。私はベースになる靴下の編み方がわからなかったこともあり仕方なくほかのタイプの編みぐるみにしましたが、久しぶりに目にした靴下の編み方に興味をもち、その年、ノルウェーで靴下の洋書を手に入れました。ところが英文に打ちのめされ、そのうちに……と思うだけで編むことはありませんでした。

その年の秋のこと。雑誌『暮しの手帖』から仕事の依頼を受けて手編み靴下を提案したところ、了解を得ることができました。それを機に、それまでは眺めるだけだった例の洋書と首っ引きで靴下の成り立ちを研究し、今度は仕上げることができました。編んでみたらそれほど大変でもなく、むしろかかとの立体ができてくるところはわくわくしながら編みました。当時、手編み靴下の本は私の知る限り出版されていませんでしたので読者の反応が気になりましたが、これが上々だったと聞き、意を強くしてそれから少しずつ自分の本でも紹介してきました。その間に靴下の本を買い集めて読み、世界中には色々な編み方の靴下があることもわかってきました。

その中で気づいたのは、靴下に関していえば「編み図」はかえって分かりにくいということ。靴下のように立体的に輪で編んでいくものを平面の編み図にすると複雑になるいっぽうですし、「その通りにきちんと編まないと完成しない」という先入観を植えつけるもとになるような気がするのです。編み物はもっとフレキシブルでいいと思っています。たとえばカフスの次にかかとを編み出す位置は後ろ中心でも内側でもいいし、かかとを編みはじめたい位置に編み糸がこなければ、いったん糸を切ってつけ替えても OK。いくつかのポイントさえおさえれば、ちゃんと靴下は編めます。一応編み図も入れてはいますが、編み図を読まなくてもわかるように文章を入れましたので、大丈夫。靴下全体の構造を知り、編み方のポイントを理解して自分なりの靴下レシピを作るためのヒントをお伝えできたら……と思っています。

まずは基本の編み方とヒール(かかと)、トウ(つま先)などのパーツの編み方バリエーションをマスターし、好きなパーツを組み合わせて自分の靴下の設計をして編んでみてください。はじめて靴下を編む方はまず 1 足、「基本の靴下」のプロセスに従って完成させてみましょう。そうすればあなたも“ソックニッター”の仲間入りです。

2013 年 10 月
手編み靴下研究所
所長　林ことみ

副所長のマックスです！
ぼくがポイントを
ガイドしていくよ。

: Contents

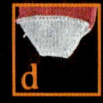

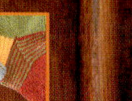

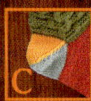

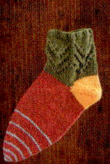

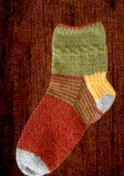

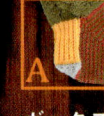

自由研究

組み合わせて楽しむ アレンジカタログ

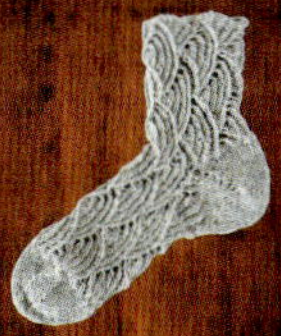

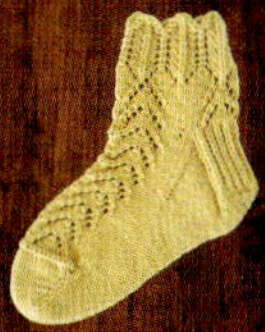

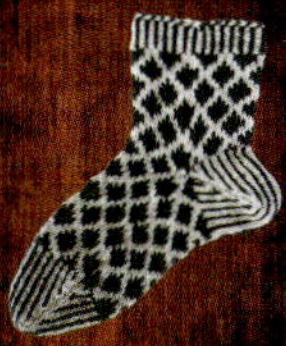

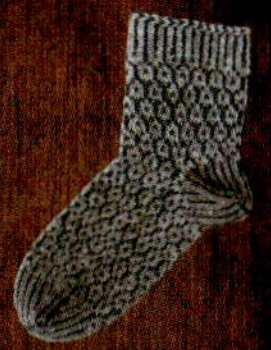

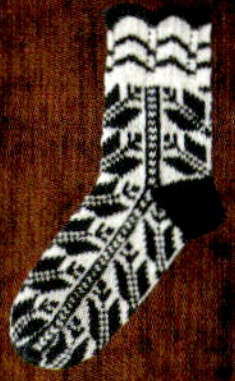

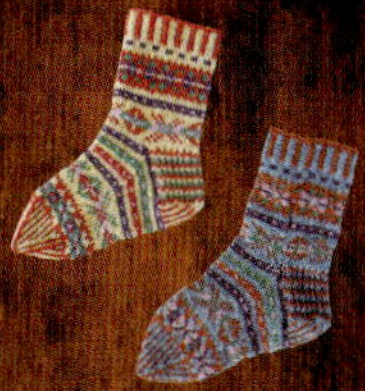

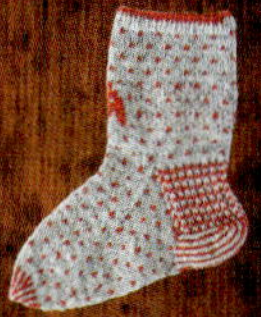

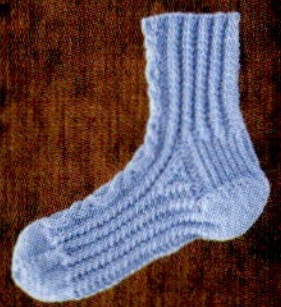

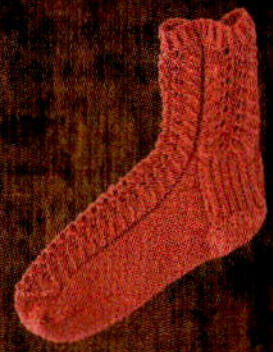

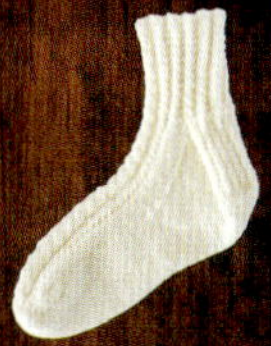

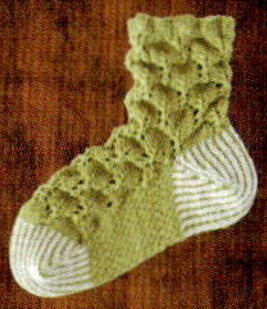

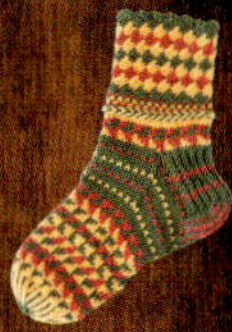

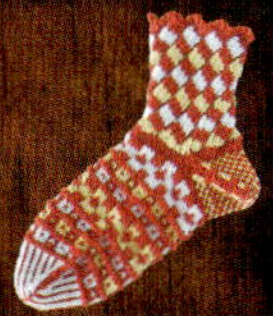

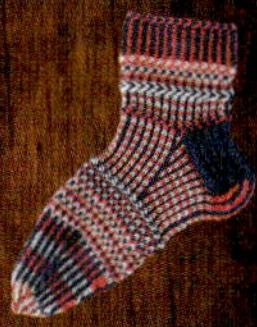

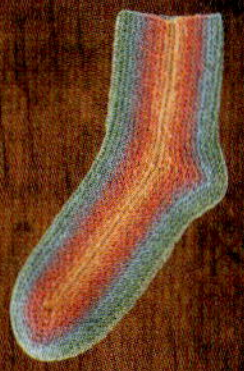

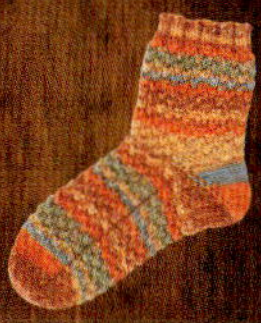

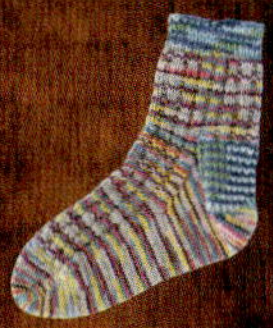

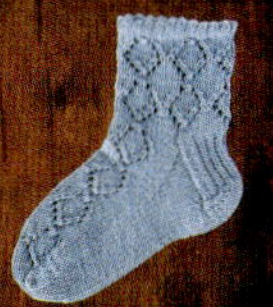

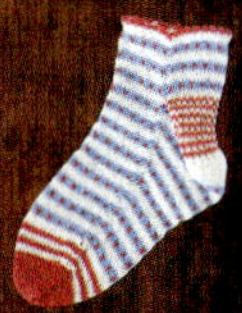

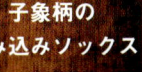

Yarns for hand-knitting socks

靴下に向いているのはどんな糸？

せっかく編むからには、はき心地のいい靴下にしたいですよね。そうなると既製品のような薄地の靴下が一番はきやすいということになりますが、それは少し慣れたら挑戦してみるとして、最初は48目～60目くらいで20cm前後のサイズに編み上がる糸がおすすめです。素材としては、まずはウール100%。丈夫さを考えるとナイロンやコットン入りの靴下専用糸がいいのですが、このタイプの糸は比較的細いので、まずは編みやすいウール糸がおすすめです。そして丈夫さと肌ざわりのよさ、編みやすさという点で一番のおすすめはコットンやレーヨン糸です。靴下というと秋冬＝ウールというのが一般的ですが、ニット仲間のアメリカ人はコットンの手編み靴下を愛用していてとても気持ちがよさそうでした。それを見て日本でももっとコットンの手編み靴下をアピールしたいと思っていますが、なかなか認知されないのは残念です。

(d)の段染め糸は10年前くらいから目にするようになった靴下専用糸で、自然に縞やドット柄が出るように染められています。デンマークの知人が編んでいるのを見てびっくりしたのが2003年で、流行りはじめだったようです。勝手に柄ができるのは楽しいし効果的。(e)の白糸は一緒に編み込むと伸縮性のある編み地になる糸で上手に使うとはき心地のいい靴下になります。

(a)

アクリル100%の段染め糸。ウール100%にくらべて丈夫で、洗濯も簡単。

(d)

ウールにナイロンが混ざった靴下専用糸。靴下を編むと自然にドットや縞が出るように計算して染められている不思議な糸。

(e)

編み糸にひきそろえて編むと伸縮性のある編み地になる靴下用の糸。

(b)

コットン糸。夏用のさわやかなはき心地の靴下に。ノーマルタイプのほかにけば立ちのあるモールタイプなども。

(c)

ウール糸いろいろ。太い糸を使えば厚地で保温力の高い靴下になり、細い糸で編むより少ない目数、段数で編めるのがうれしい。

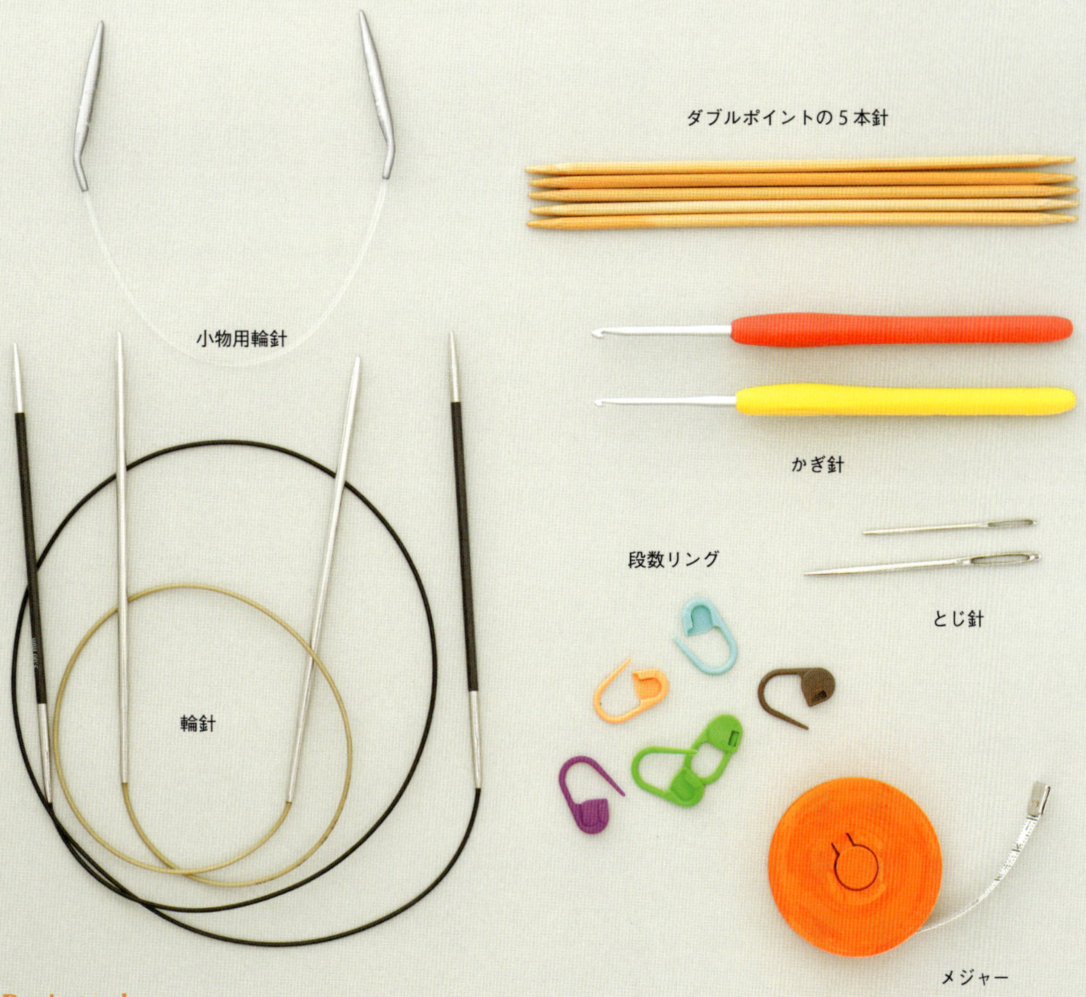

Basic tools

こんな道具を使います

本書の作品には５本針で編んだものと２本の輪針で編んだものがあります。どの方法で編んでもいいのですが、つま先から編む場合は２本の輪針で編む方法がわかりやすくておすすめです。ダブルポイントの針セットには４本針もありますが、私は５本針をおすすめします。柄によっては３本に分けたほうが編みやすい場合もありますので、いつでも５本針を使うわけではありませんが、大は小を兼ねますから。 輪針は60cmまたは80cmがおすすめ。短すぎても長すぎても使いにくくなります。 私は作り目はかぎ針で編みつける方法が一番きれいにできると思いますので、かぎ針も用意してください。編み針より１号太いサイズを使います。

段数リングはインステップを編むときに便利ですので、減らし目位置などに使います。写真にはありませんが、目数リングはとくに用意しなくても、25ページのように糸で充分です。メジャーはインステップの長さを測ったり、ゲージを測ったり、そして自分の足のサイズを測るときにも必要ですね。とじ針は糸端の始末や仕上げに使います。これに代わる用具はないので、糸の太さに応じて用意します。

写真の輪針の一番上の針は小物用輪針として販売されているものですが、むしろ編み目を休ませるときに使ってみたところ大変便利でした。

Parts of Socks

靴下の基本的なしくみ

手編みの靴下には、大きく分けて下の図のような2タイプがあります。違いはかかと部分で、かかとの部分を立体的に編み、そこからマチを編んでインステップにつなげる「A：マチありタイプ」と、1本の長い円筒の一部にはめ込むようにかかとを編みつける「B：マチなしタイプ」に分かれます。単純に筒を編むカフスとインステップ部分はどちらも共通、トウ部分もバリエーションはいろいろありますが、A、Bどちらのタイプにも共通して組み合わせることができます。

A：マチありタイプ（かかとを立体的に編む）

マチ｜Gusset

マチのあるデザインは、くるぶしの部分がゆったりするのではきやすくなります。ヒールのフラットな部分からの拾い目が面倒な印象ですが、はきやすい靴下になることを思えばなんのその！　縞柄にすると減目の段が分かりやすくなり、デザイン的にもかわいらしくおすすめです。

インステップ｜Instep

難所のヒールとマチが終わればインステップは筒型にまっすぐ編むだけです。ここにも柄を入れると楽しく編めますし、無地よりも何段編んだのかが一目瞭然になります。

カフス｜Cuff

足首の部分です。ここは一番目につくところなので、編み込み模様にしたりレース編みにしたり、楽しみ方はいろいろ。長さも好みで調節できます。

ヒール｜Heel

一般的にはフラットな部分（Flap）とかかとの丸い部分（Turn）を合わせてヒールと呼びます。この部分が靴下編みの一番の難所と思われがちですが、簡単な編み方もあるので好きなデザイン、編み方を選んで下さい。甲高の方はフラットな部分を長くすると、ゆったりできあがります。

トウ｜Toe

つま先部分です。編み方により横幅の広いタイプ、せまいタイプ、平らなタイプやとがったタイプなど、いろいろな種類があります。

A、Bタイプそれぞれに、形のバリエーションもありますが、編むときの大まかな手順や、はいたときの感じはタイプごとに共通なので、靴下を編むときには、まずどちらのタイプにするかを決めましょう。

そしてヒール、トウ、カフス、インステップと各パーツの好きなデザインや編み方を組み合わせて、どんな靴下にしたいのかできあがり図を描いてみます。

最初に決めるのは、カフスの編み方（→P.20）。ゴム編みなら1目？ 2目？ それとも編み込みゴム編み？ ガーターでもいいし、エストニアスパイラルもいいし……。そしてカフスが決まったら、次はヒールの形を選びます。ヒールやトウはその人の足に合った形かどうかもデザイン選びの基準になります。そして甲の部分は、カフスが編み込みなら同じ柄に。これからご紹介するいろいろなバリエーションを自由に組み合わせて、ぜひオリジナルの手編みソックスデザインに挑戦してみてください。

B：マチなしタイプ（筒の一部にかかとをはめ込んで編む）

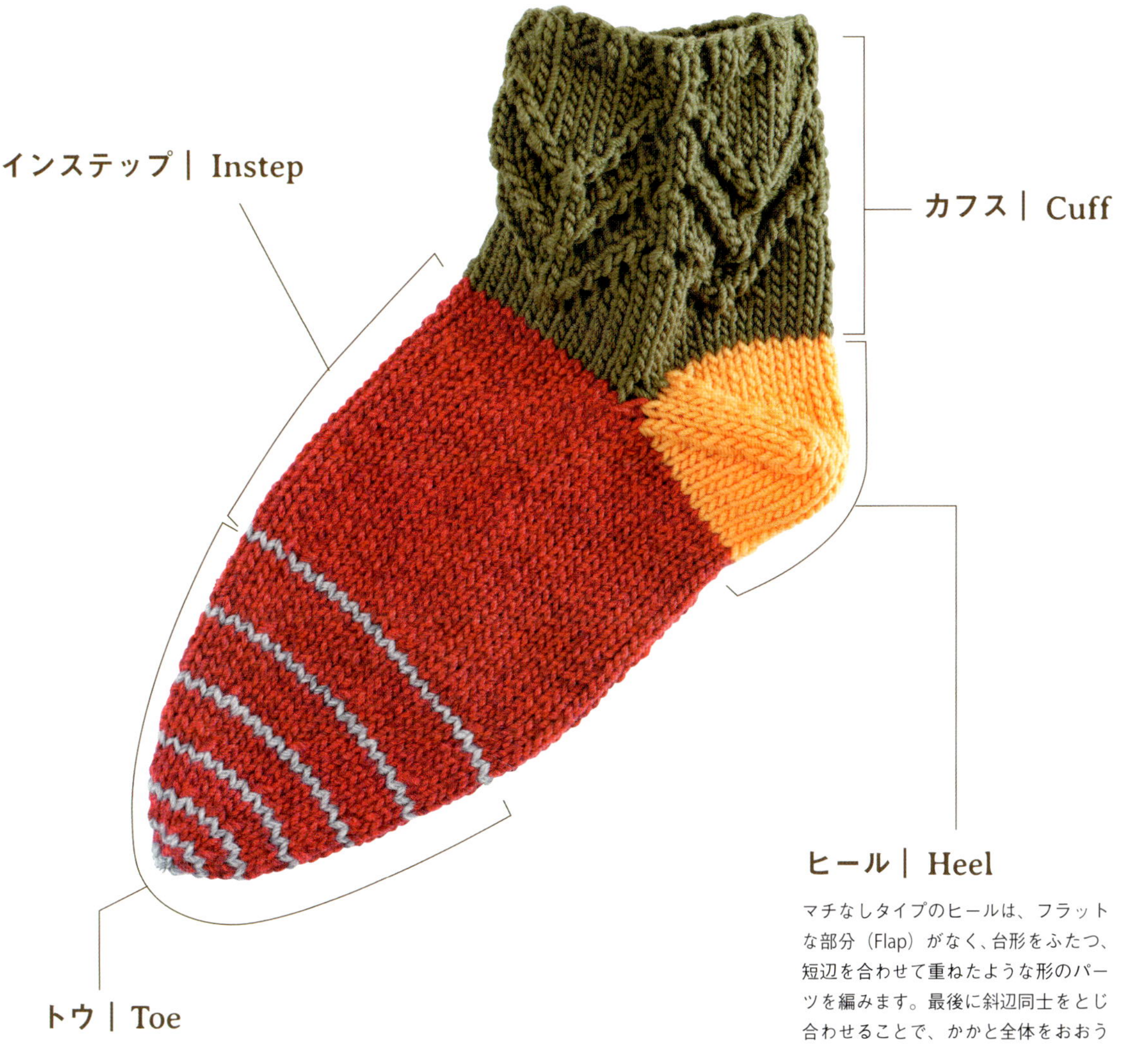

マチなしタイプのヒールは、フラットな部分（Flap）がなく、台形をふたつ、短辺を合わせて重ねたような形のパーツを編みます。最後に斜辺同士をとじ合わせることで、かかと全体をおおうつくりです。

Basic Lesson

基本の靴下を編んでみましょう

まずは一般的な形の靴下を編んでみましょう。最初にカフスを好きな長さだけ筒に編み、次にボックスヒールという立体的なかかとを編み、マチを編み、インステップを必要な長さだけ編んだら、ワイドトウというつま先で仕上げます。各パーツを色分けして分かりやすくご紹介します。

まずは編む手順をイメージしてからはじめましょう

最後に先端をとじ合わせればできあがり！

1. 作り目

最初にゲージを取り、20cm になる目数を計算して作り目をします。編み込み柄の場合は柄がうまくつながる目数に調整を。作り目の数は、目数＋１目。「＋１目」は作り目を輪にする際に使います。作り目の方法にはいろいろありますが、かぎ針で作ると端がきれいなくさり目になるのでおすすめです。

作り目の数は 48 目でも問題ないんだけど、
編みはじめがちょっと大変。１目余分に
編むことで編みはじめが楽になるんだ。
その理由は……？　次の
「輪に編む準備」を参照してね。

1-1 ダブルポイントの５本針の１本にかぎ針で作り目をします。ここでは４号棒針、５号かぎ針を使い、48 目＋１目＝ 49 目作る。

2. 輪に編む準備

輪に編むときに使用する針としては４本針、５本針、輪針１本、輪針２本、が考えられますが、この本では５本針または輪針２本で編んでいます。基本靴下は５本針を使って編むので、作り目を４本の針に均等に分けます。目がねじれないように分けますが④の針には 13 目取り、この 13 番めの目を①の針に移し、最初の目は２目一度。こうすると最初の目を編むときすでに輪ができているため編みやすいのです。もうひとつ、48 目作り目をして①の針の最初と④の針の最後の目を入れ替えて編みはじめる方法もあります。

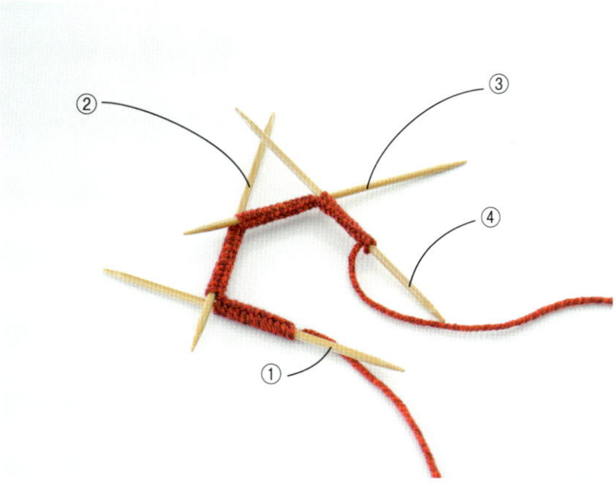

2-1 ５本針を使って編むので、①〜④の４本の針に均等に目を分ける（ここでは各 12 目）。「＋１目」分は④の針に残すため、④の針の目数は 13 目になる。

2-2 ④の針の 13 番めの目を①の針に移す。

2-3 １段めの編みはじめ。①の針の最初で２目一度をする。この靴下では２目一度と手前の目の間を左足内側として編む。

3. カフス を編む

作り目を輪にしたら、はき口からヒールの手前までの「カフス」部分を編みます。この部分は筒形に編んでいくだけなので、比較的簡単。慣れてきたらレース編み、模様編みなど好みの編み地で編んでみてください（バリエーションのイメージは P.20 参照）。

3-1 ここでは１段めの最初の２目一度を編んだらグリーンに糸を替え、１目ゴム編みを６段。続けてカフスをゴム編み部分も含めて全体で 9cm編む。

4. ①ボックスヒールを編む

目数の半分は別針に取るなどして目を休め（この部分が靴下の前半分〈甲側〉になります）、残りの半分は１本の針に取ってフラット部分を好みの長さに編みます。ここは靴をはいたときに擦れて傷みやすいところなので、表から編むときに１目おきにすべり目をすることで裏側に糸が渡り、地厚になります。それにより丈夫に仕上がるわけです。

ヒールの編み地を丈夫にするには、
すべり目をするほかにも糸を２本取りにする、
木綿糸と一緒に編むなどの方法もあるよ。
縞柄の編み込みにして裏に糸を渡すことで
地厚にすると、デザイン的にも GOOD!!

4-1 ボックスヒールの編みはじめ。目数の半分は別針に取るなどして休め、残りの半分を１本の針に取る。写真は１段めの裏編みを編み終えたところ。

研究ポイント

フラット部分はどこから編みはじめる？

フラット部分に進む際、いつも悩んでいたのは「どこからフラットを編みはじめるか」です。つまり①の針と④の針の境目をどこにするか。後ろ中心にすれば左右同じに編めますが、柄によっては段のずれが目立ち、気になるのです。そのためここでは、境目を左足内側にして編んでいます。右足用にする場合は、カフスを編み終えたところで一度糸を切り、②と①の針にかかった目でフラット部分を編んでいきます。また後ろ中心にするなら、①の針の 12 目を編んだら裏返して①と④の針にかかった目でフラット部分の１段めを編みはじめます。

4-2 好みの長さになるまでフラット部分を編む。毎段編みはじめはすべり目をし、表から編むときに奇数目ですべり目をする模様編みで 21 段編む。

4-3　フラット部分の編み上がり。

4-3*　フラット部分の編み上がりを表から見たところ。

②ヒールのターンを編む

ここからはターン部分に入ります。フラット部分とターン部分からなるボックスヒールは、かかとのバリエーションのなかで一番簡単な編み方。いかにも靴下という仕上がりになるのでターンつきの靴下を編むなら、まずはこのヒールがおすすめです。

ターンを編むときには、
編んでいる目数の半分のところ
（奇数の場合は中心の目）に
印をつけておくと位置の目安になり、
間違いなく編むことができるよ。

4-4　ターン部分の１段め。１目めはすべり目をし、表編みをしていく。中央にきたら印をつけ、そこからさらに５目表編み。６目めと７目めで右上２目一度をするので、６目めをすべり目し、７目めを表編み。

4-5　左針で右針に移した６目めを７目めにかぶせる。

4-6　右上２目一度を編んだところ。ここまで編んだら編み地を持ち替える（裏返す）。

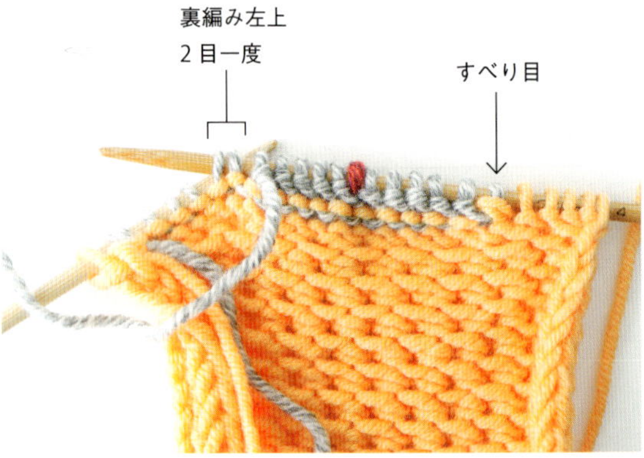

4-7 ターン部分の2段め。1目めは裏編みをするようにすべり目をし、裏編みをしていく。中央から5目まで編んだら、6目めと7目めで裏編みの左上2目一度を編む。

4-8 裏編みの左上2目一度を編んだところ。ここまで読んだら編み地を持ち替える。

4-9 3段め以降は1段めと2段めをくり返し、12段めまで編む。ターン部分を編み終えたところ。

4-9* 編み終えたターン部分を表から見たところ。このようにかかとの立体感が出てきている。

5. マチを編む

ヒールのフラット部分の脇から目を拾い、休めていた目も針に戻して輪に編みます。この目数からもとの目数48を引いた目数分（*）を2段ごとに減らしながら編むとマチになります。拾い目をしたらまず1段編み、2段めから甲の左右手前で減目をします（*÷2回）。

目を拾って輪の状態に戻すと、
目数は60目か62目（ここでは62目）。
この目数からもとの目数48目を
引いた数が減らし目をする目数。
その数が編む段数でもあるんだ。

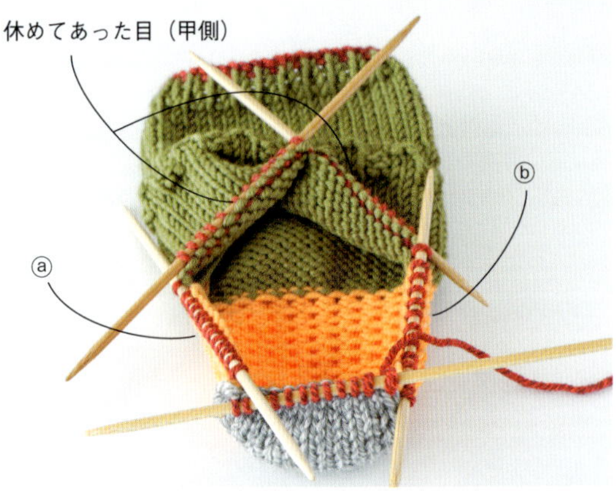

5-1 ターンから12目、フラットの部分からは｛〈段数＋1〉÷2＋1～2｝拾う。段数が21段なら拾う目数は22÷2＋1～2＝12～13目。写真は左右のフラット部分（ⓐⓑ）から目を拾ったところ。

研究ポイント

拾い目と甲部分の間に すき間ができないようにするには？

フラット部分から拾い目をして全体を輪の状態に戻す際、拾い目と甲部分の間にすき間ができがちです。編む人の手加減（ゲージのきつさ、ゆるさ）や休めてあった目の状況にもよるので、一概にはいえませんが、すき間ができそうだと思ったらフラット部分と甲の間に渡った糸をねじるように引き上げてみてください。ここで増えた目を１段めを編むときに甲の部分かフラット部分の拾い目と２目一度にすると、すき間が気にならなくなります。

フラット部分のサイドからの拾い目は、フラット部分の端の目に左の写真のように手前から針を入れ、針に糸をかけて引き出して行ないます。

拾い目が終わったところ。右端の１目は、すき間ができないよう甲部分との間に渡った糸を引き上げてできた１目です。

5-2 マチの１段め。ターンの右端から中央まで表編みをし、目を４本の針に分ける（後ろ中心に段の境目がくるよう目の分け方を変える）。続けて１段めを表編みで１周編む。（ここでは２段めから１段ごとにグリーン、赤と色を替えて編む）。

5-3 ２段めからは偶数段で甲部分の手前（針①の終わり）と先（針④のはじめ）とで減目をする。針①の終わり（１回めの減目）では、残り３目になったら左上２目一度を編む。（※写真はすでに数段編み進めている状態）

5-4 左上２目一度を編んだところ。

5-5 針④のはじめ（２回めの減目）では、２目めと３目めで右上２目一度を編む。

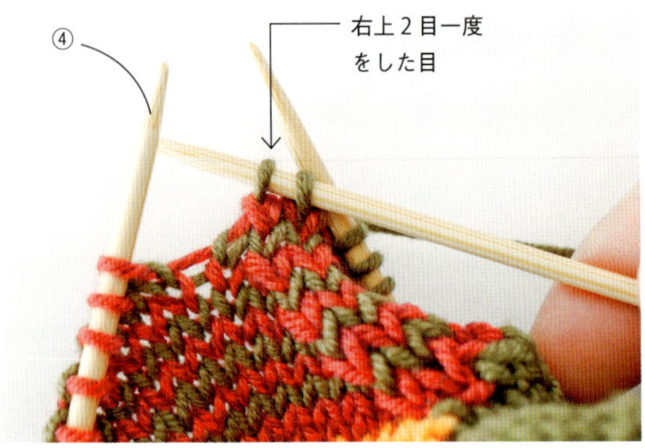

5-6 右上２目一度をしたところ。以下同様に、もとの目数になるまで同じ位置で減目をくり返して編む。

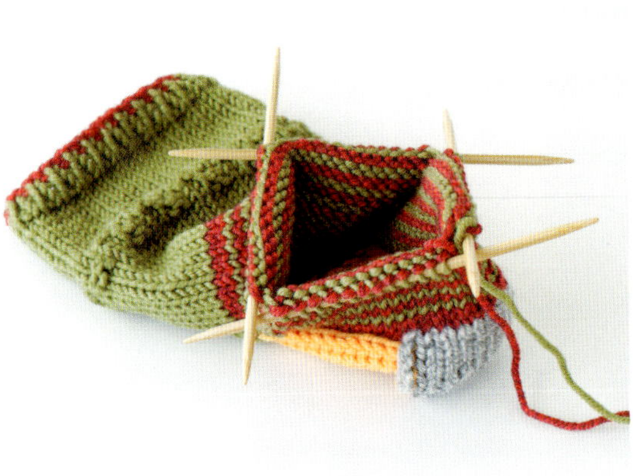

5-7 もとの 48 目に戻ったところ（ここでは 14 段編んで 14 目減らした）。

6. インステップを編む

ここはただただ筒に編みます。編む段数は、トウをどの編み方で編むかによって違ってきます。ゲージをとって、つま先までの長さを計算し、編む段数を決めます。この部分を編み込みにすると、裏に糸が渡るので底の部分も丈夫になります。それと同時に、インステップははいたときにカフスの次に目につく部分であり（靴をはくと見えませんが）、筒に編むだけなので編み地に凝ると楽しい部分。アルメニアには、底と甲の柄が違うという手のこんだ靴下もあるのです。

6-1 つま先の形を決めたらゲージをとり、つま先分を差し引いたインステップ部分の長さ（段数）を計算して編む（写真はトウの１段めを編みはじめているところ）。トウは甲と底の境目から編みはじめたいので、針①の目を編んで段のはじまりを針②にする。

7. ワイドトウを編む

ここではシンプルなワイドトウで仕上げました。甲側の針②の右、針③の左、底側の針④の右、①の針の左で減目をします。これを２段ごとにくり返し、全体で 20 目になるまで編みます。減目の方法は②と④の針では表編み１目を編み、右上２目一度、③と①の針では３目残るまで編んだら左上２目一度、表編み１目を編みます。最後はメリヤスはぎにすればできあがり！（右の写真では P.13 とは違う方法で右上２目一度をしています）

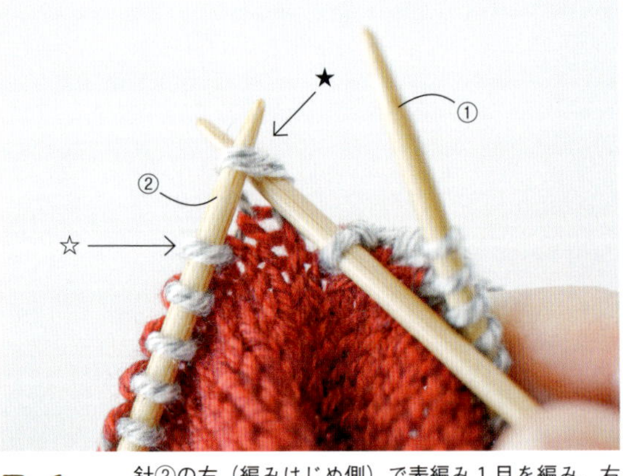

7-1 針②の右（編みはじめ側）で表編み１目を編み、右上２目一度。右上２目一度の最初は１目め（★）に表編みをするように針を入れ右針に移す。

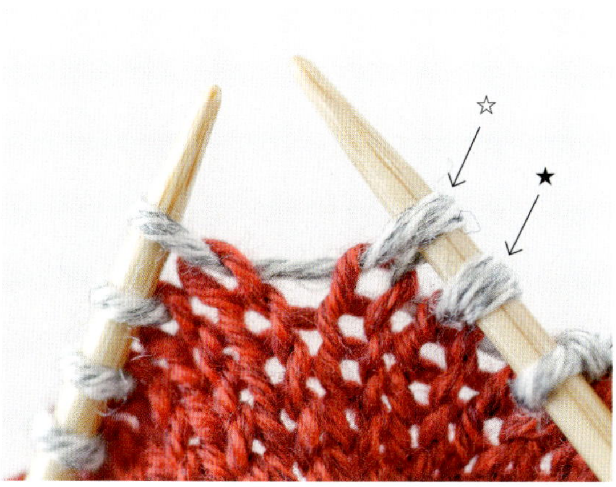

7-2 次の目（☆）も同様に右針に移す。

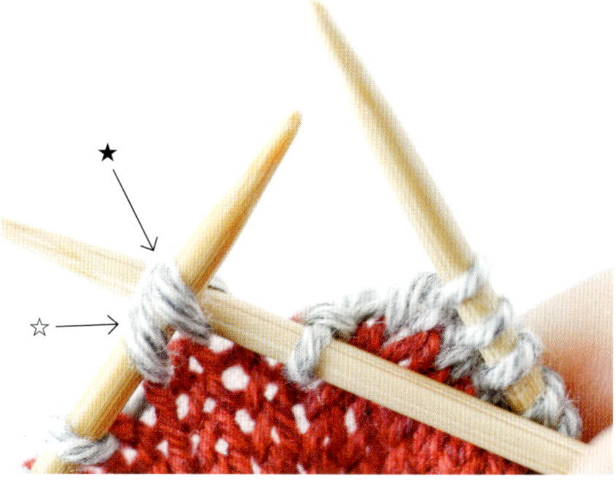

7-3 移した2目を1目ずつそのまま表編みをするように左針に戻し（これで2目の向きが変わる）、その2目に右針を上のように入れる。

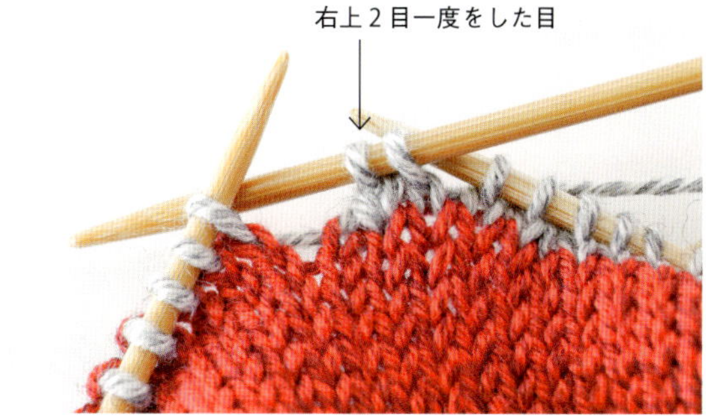

7-4 2目一緒に表編みを編むと、右上2目一度のできあがり。

7-5 針③の左（編み終わり側）では、残り3目になったら2目に上のように針を入れ、2目一緒に編む（左上2目一度）。残り1目は表編み。

7-6 針④の右で **7-1**〜**4**、針①の左で **7-5** と同様にして減目をし、1周で4目減らす。これを2段ごとにくり返し、残り20目になるまで編む。

7-7 残った20目を10目ずつ2本の針に分ける。

7-8 先端をメリヤスはぎにする。

7-9 トウのできあがり。これで基本の靴下が完成。

Column

靴下をカスタマイズするには

今回の作品は、足首周囲は20cm前後（48目を基本としました）、カフス丈は10～15cm、足底長さは23cmを標準としています。これをより自分の足に合ったサイズにするには、どうしたらいいでしょうか。

ニットは布と違って伸縮性があるので、編み上がった寸法とはいたときの感じはちょっと違います。一番ぴったりさせたいのは足底寸法ですが、これは編みながらはいてみて確認するのが最も確実です。

足首周囲の寸法は、カスタマイズしょうと思っても模様によって微調整がきかない場合もあります。たとえば53ページの青海波レースは1模様が10目なので足首周囲を（60目では大きすぎると考えて）50目にしました。そのため作品はぴったりサイズです。かたや56ページのフェアアイルソックスは、2種類の模様の最小公倍数が60目だったため、若干大きめ。このような場合は糸や針で調整するといいでしょう。

いっぽう、長さは編みながら調整できるので簡単です。ただしこの場合も、模様の途中で終わってもいい場合と1模様きちんと編みたい場合もあります。その場合はつま先部分で調整します。

(念のため) 基本の靴下編み図

基本の靴下の全体を編み図にすると、下のようになります。
「編み図がないと不安……」という方は、こちらも参考にしてみてください。

- 表編み
- すべり目
- 右上2目一度
- 左上2目一度

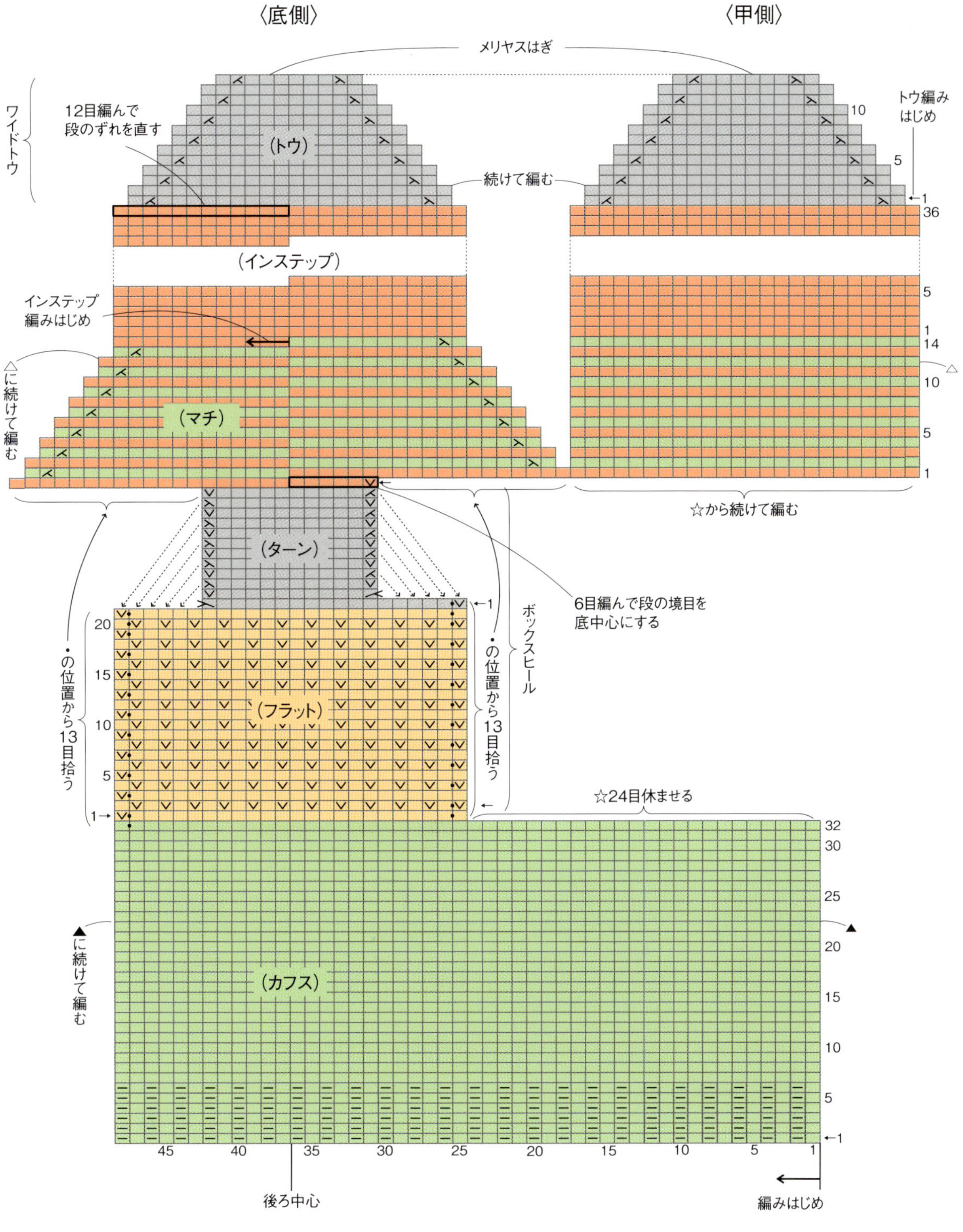

キヒノヴィッツ

エストニアのキヒノ島に伝わる伝統的な技法で、チェーンステッチのような立体的な編み目が特徴です。作り目は２色の作り目で。

エストニアスパイラル

こちらもエストニアで習った、ななめにスパイラルする編み地。数段ごとに糸の色を替えると、ちょうど市松模様になって効果的です。

青海波レース

「ねじり右上２目一度」を使うことでくっきりした柄があらわれます。日本の伝統模様「青海波」にそっくりなのでこう名づけました。

カフス

靴下の一番目立つ部分がカフスです。ここが素敵なら、はいたときにわくわくするし、注目されること間違いなし。この本ではちょっと凝った編み地デザインを紹介しました。編み込み、レース、エストニアスパイラル、キヒノヴィッツ、アラン模様、ピコットなど。

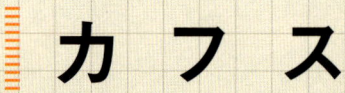

フェアアイル

スコットランドのフェア島に伝わる伝統的な編み込み模様。複雑に見えますが、1段は2色使いなので意外と簡単。色の組み合わせは無限です。

カタログ

難しそうに感じるかもしれませんが、見た目の魅力に心惹かれて、編みたくなってしまいませんか。作り目も2色使う方法があったり、1段めは裏編みにしたり。決まりはありませんので自分の気持ちに沿って編んでみてください。

アラン模様

レリーフのような縄編み模様が特徴。模様の種類もたくさんあるのでオリジナル柄を作るのも楽しい編み地です。

レース模様

レース編みのなかには写真のように編み地の縁が波のようになる模様があり、カフスに使うと靴下をはいたときにかわいい形になります。

2色の作り目
＋
編み込み模様

編み込みは見た目にかわいいだけでなく、編んでいるときにも楽しいし、どこまで編んでいるかもわかって便利。2色なら簡単です。

ピコットつき

端から数段めでピコット編みをしておき、そこから折り返すだけでこんなにかわいい縁飾りに。中にゴムを通すととてもはきやすくなります。

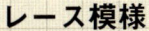

A **ボックスヒール**
→P.12

ヒール

靴下の一番の難所？がヒールかもしれません。これが編めればもうできたも同然。立体的な「ボックスヒール」、「フレンチヒール」、「スイスヒール」は甲高タイプの足に向いています。フラットの部分を調節することで、その人の甲の高さに合った靴下になります。↗

C **フラットヒール**
→P.26

D **はめ込みヒール**
→P.28

B
フレンチヒール
→P.24

E
ショートロウヒール
→P.30

カタログ

華奢なタイプの足にははめ込み式のタイプが向いていますが、このデザインでも台形部分の高さを出すように調節すれば、甲高用にもなります。一番簡単なかかとはフラットヒールですが、気にせずまずは好きなタイプで1枚編みましょう。

F
スイスヒール
→P.32

B　フレンチヒール

- □ 表編み
- ∨ すべり目
- 右上2目一度
- 左上2目一度

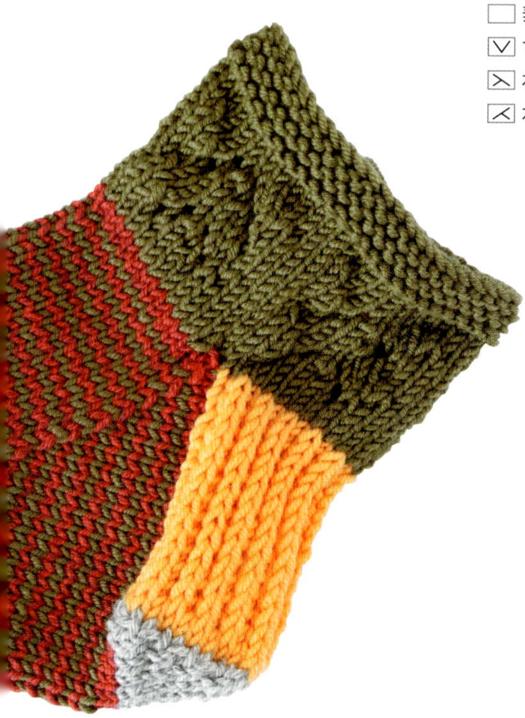

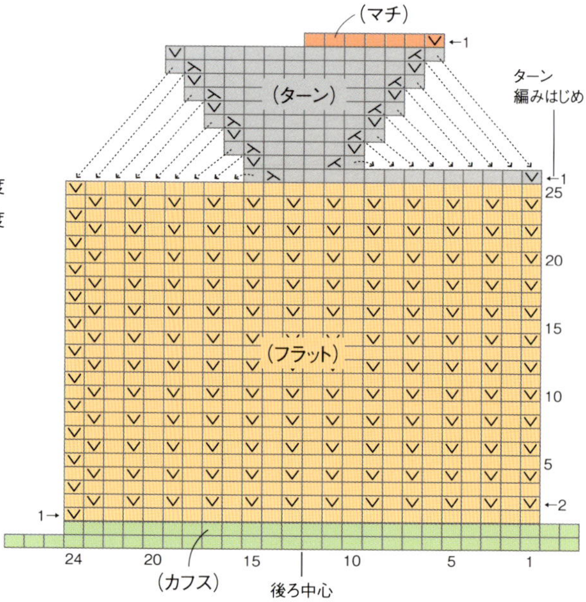

かかとの端が細くなってかわいい形のヒールです。参考にした古い洋書にも「verry pretty（とてもかわいい）」とあり、華奢な足に向いています。フラット部分の目数が奇数の場合は中心の目、偶数の場合は半分のところに印をつけておくと、間違えずに編むことができます。

1　「基本の靴下」のボックスヒールと同様にフラット部分までを編む（→P.10／ここでは25段編む）。

2　ターン部分を編みはじめる。メリヤス編みで表から半分（ここでは12目）編んだら印をつけ、もう1目編む。

3 右上2目一度、表編み1目を編む。図の状態になったら編み地を持ち替える。

4 2段めは1目すべり目、中心まで（ここでは2目）裏編み、1目裏編みをしたら、裏編み左上2目一度、裏編み1目を編む。図の状態になったら編み地を持ち替える。

5 3段めは1目すべり目、中心まで（ここでは2目）表編み、2目表編みをしたら、右上2目一度、表編み1目を編み、図の状態になったら編み地を持ち替える。

6 以下同じ要領で偶数段は〈1目すべり目、中心まで裏編み、前段の中心からの表編み目数を裏編み、裏編み左上2目一度、裏編み1目〉、奇数段は〈1目すべり目、中心まで表編み、前段の中心からの裏編み目数＋1目表編み、右上2目一度、表編み1目〉をくり返し10段編む。11段めは1目すべり目をしてすべて表編み。続けて「基本の靴下」と同様にマチを編む（→P.14）。

C フラットヒール

カフスが終わったら台形をふたつ重ねたような形のヒールを平らに編み、そのままインステップを筒に編んでかかとの両端を最後にとじ合わせる簡単な方法。はじめて編む人におすすめです。作り目は偶数にします。

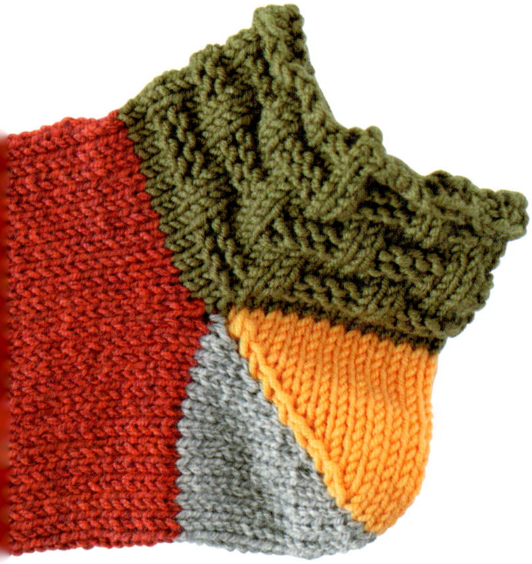

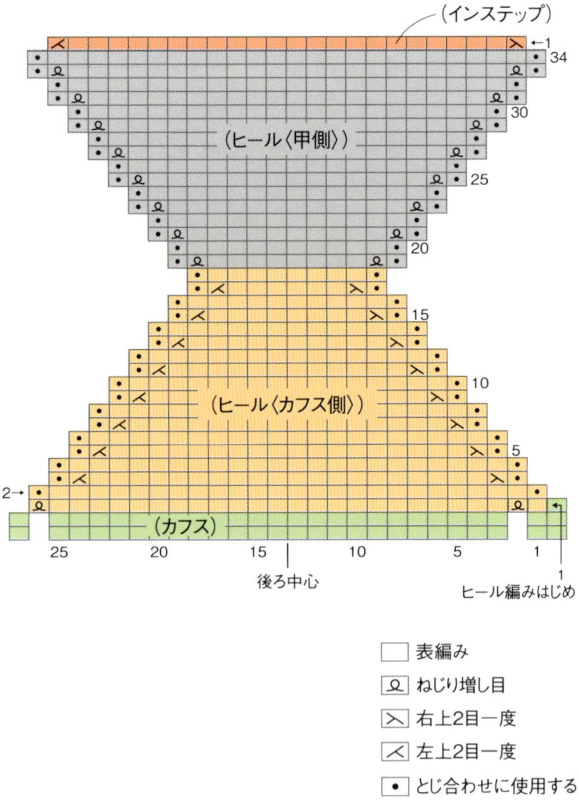

休めておく目は
使わない針にかけておいたり、
別糸を通しておいたり。
好きな方法で OK だよ。

1

ヒールの半分までを編む。全体の半分の目数（ここでは 24 目）を針に取り、残りの目は休ませておく。1 段め（表編み）で 1 目めと次の目、24 目めと次の目の間に渡った糸を拾って（ねじり増し目／ →P.27）26 目にする（2 目はとじ合わせ分）。2 段めは裏編み。3 段めは表編みを 1 目編んだら右上 2 目一度。残り 3 目まで編んだら左上 2 目一度、表編み 1 目。以下、偶数段はすべて裏編み、奇数段では 3 段めと同様に減目をして 10 目残るまで編む。図は 10 目残ったところ。

2 ヒールの残り半分を編む。19 段めは表編み 1 目、ねじり増し目、残り 1 目まで編んだらねじり増し目、表編み 1 目。以下、偶数段はすべて表編み、奇数段では 19 段めと同様に増し目をして 34 段めまで編み、ヒールの編みはじめの目数（ここでは 26 目）にする。

ねじり増し目の編み方

編んだ目（右針の左端の目）と次の目（左針の右端の目）の間に渡った糸に右針を入れ、ねじるようにして引き上げて 1 目増やします。

①目と目の間に渡った糸に→のように右針を入れて持ち上げ、左針にかける

②かけた糸に→のように右針を入れて表編みをする

4 休めておいた目と一緒にしてインステップを編む。1 段めでヒールの端の目と甲側の端の目（★の 2 カ所）を 2 目一度してもとの目数（ここでは 48 目）にする（こうすることですき間があきにくくなる）。

5 トウまで編み終わったら、最後にヒールの両端をすくいとじして仕上げる。

D はめ込みヒール

この編み方のメリットは、なんといってもかかとが傷んだとき簡単に修復できること。一般的にはカフスから続けて別糸でヒール分の目（ここでは 24 目）を 1 段編んでそのまま筒状にインステップを編み、最後に別糸を抜いてヒールを編むのですが、糸を抜いて目を拾うのに苦労した経験があります。そこでヒール分の目をいったん休め、別糸で作り目をして甲を編むようにアレンジ。これなら最後に別糸をほどけばすぐヒールが編めるので簡単です。

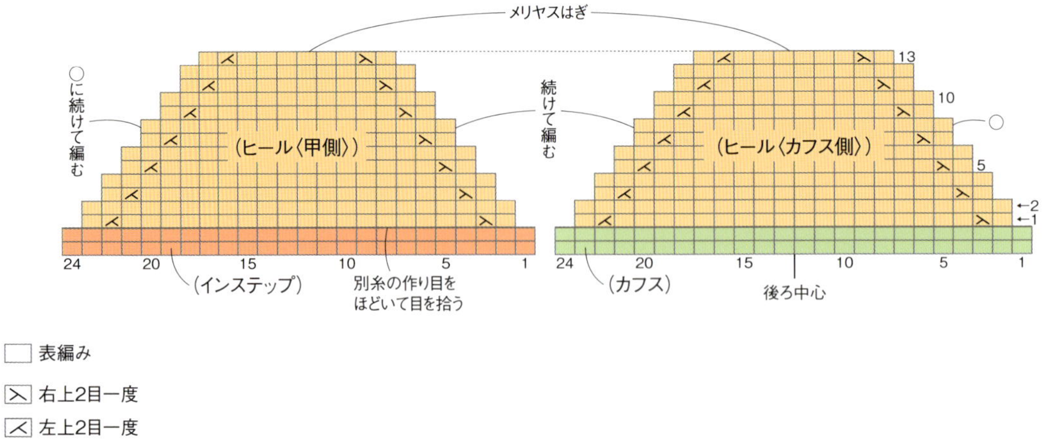

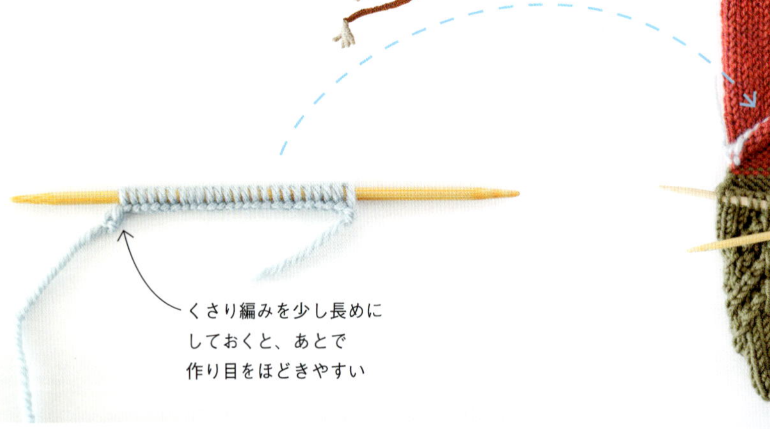

1 カフスを編み終えたら、インステップを編むためにヒール部分と同じ目数分（ここでは 24 目）、別糸でかぎ針を使って作り目を作る。作り目のあとにくさり編みを少し長めに編んでおくと、あとで作り目をほどくのが楽になる。

2 カフスの半分の目数（ヒールにする部分。ここでは 24 目）を休めておき、残りの半分の目（24 目）と **1** の作り目を輪にしてインステップを先に編む。

3 別糸から編み出した目に針を差し込んで拾っていく（目数の確認をしながら拾う）。目が拾えたら、その部分の別糸をほどいていく。

4 3で拾った目（ここでは24目）と休ませてあった目（24目）を輪にして、ワイドトウ（→P.16）と同じ方法でヒールを10段編み、残り20目になったら図のように目を2本の針に分ける。

5 残りの目をメリヤスはぎにする。

6 はめ込みヒールのできあがり。

E ショートロウヒール

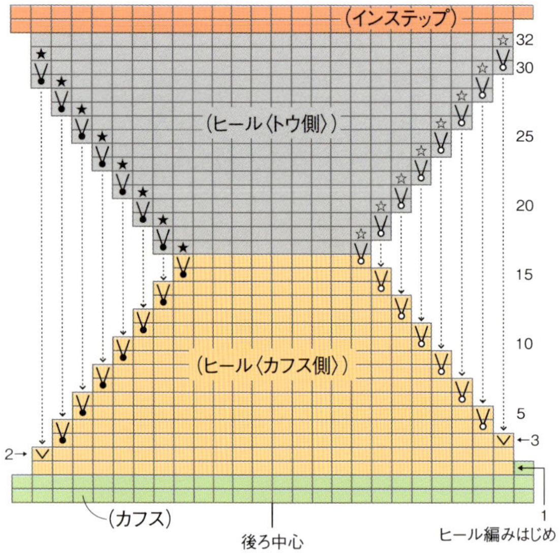

□ 表編み
∨ すべり目
表編みのショートロウ
裏編みのショートロウ
★ 表編みの穴消し処理
☆ 裏編みの穴消し処理

できあがりの形はフラットヒールと似ていますが、「short row（＝引き返し編み）」という方法で編みます。引き返し編みは段の最初と最後で編み残したり編み進めたり、その境目に穴があかないよう目を入れ替えて「段消し」をするなどの操作が登場するため、ちょっと複雑。でも、調べてみるといろいろな工夫が考えられていて、どれがいいというわけでもありません。今回はなるべくきれいに編めるよう工夫した方法をご紹介しますが、自分なりに方法を考えてみるのも面白いと思います。

ショートロウは段の終わりでするんだけど、編み地を持ち替えて、次の段の最初のすべり目をするところまでが「ショートロウ」なんだ。

▲のショートロウを編んだ目

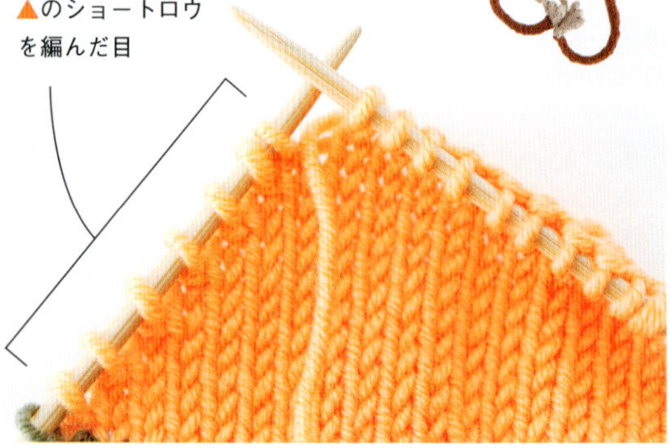

1 カフスを編み終えたら、半分（ここでは24目）の目を休め、残りの目（24目）で編み残すショートロウでヒールの半分までを編む。1段めは24目表編み、2段めは1目すべり目、23目裏編み。3段めは1目すべり目、表編み21目、▲のショートロウ。以下、偶数段は裏編み（前段の表編み目数－1目）、△のショートロウ、奇数段では表編み（前段の裏編み目数－1目）、▲のショートロウをくり返す（写真は11段めの終わりで▲のショートロウを編みはじめるところ）。

▲ 表編みのショートロウの編み方

①

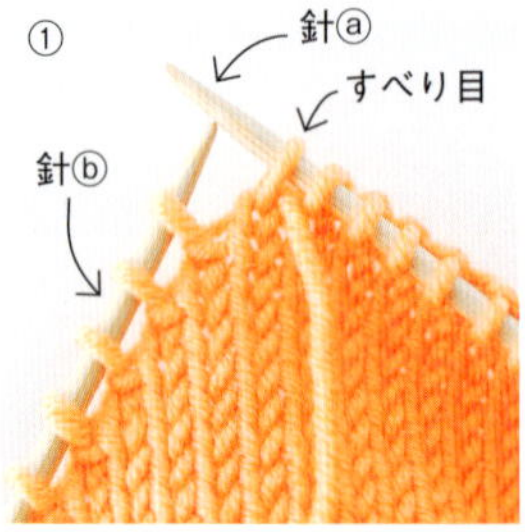

②

③

①編み糸を手前に移し、左針の目を1目右針にすべらせる。
②編み地を持ち替え、編み糸を手前へ移す。
③左針の目を1目右針に戻す。これで段のはじめのすべり目も終わり、すべらせた目の根元に編み糸が1回巻きついた状態になる。

△ 裏編みのショートロウの編み方

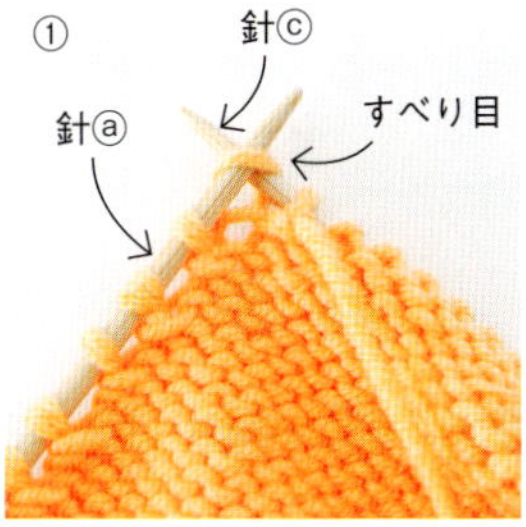

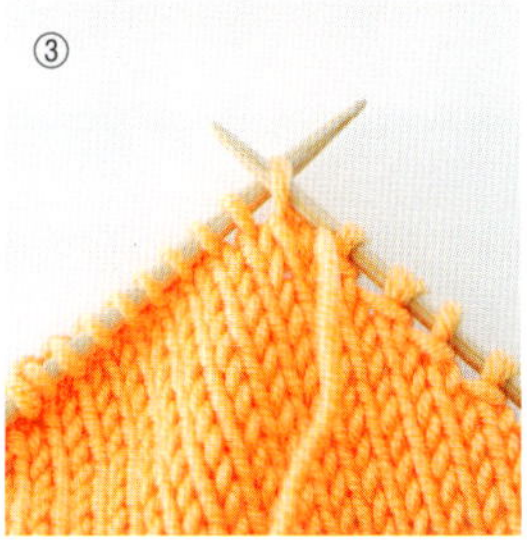

①編み糸を手前に置いたまま左針の目を１目右針にすべらせる。
②すべり目が終わったところ。
③編み地を持ち替え、編み糸を手前に移して左針の目を１目右針に戻す。これで段のはじめのすべり目も終わり、すべらせた目の根元に編み糸が１回巻きついた状態になる。

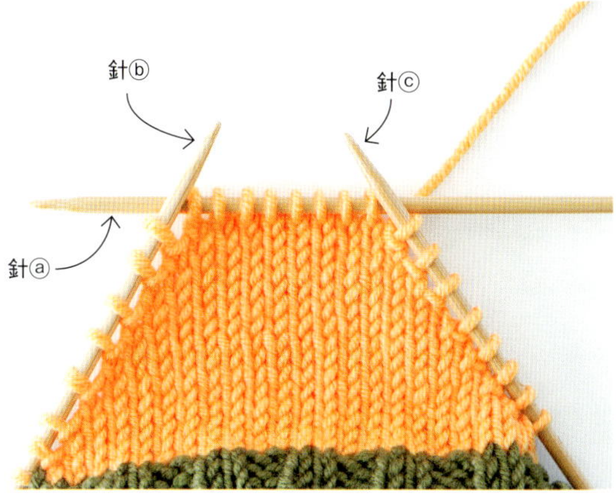

2

針ⓑ、ⓒにそれぞれ８目残るまで（ここでは16段）編む（写真は16段めの最後にショートロウをした目を、17段めの最初に右針に戻したところ）。

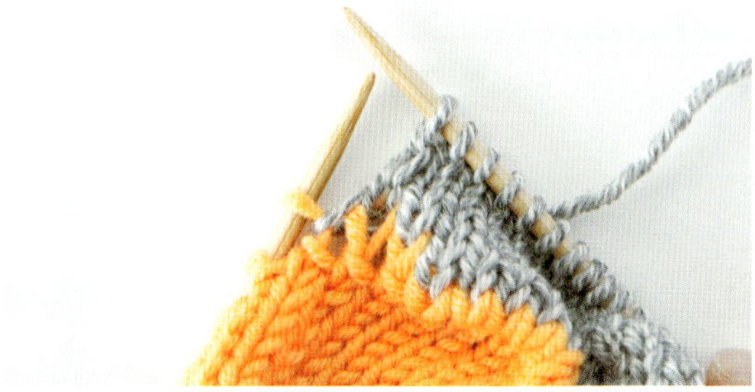

3

ヒールの残り半分を編み進むショートロウで編む。17段めは８目表編み、９目めと９目めの根元に巻いた糸を一緒に表編み（★）、▲のショートロウ。18段めは９目裏編み、10目めと10目めの根元に巻いた糸を一緒に裏編み（☆）、△のショートロウ。以下奇数段では表編み（前段の裏編み目数＋１目）、★、▲のショートロウ、偶数段では裏編み（前段の表編み目数＋１目）、☆、△のショートロウ、をくり返す。

★ 表編みの穴消し処理の方法

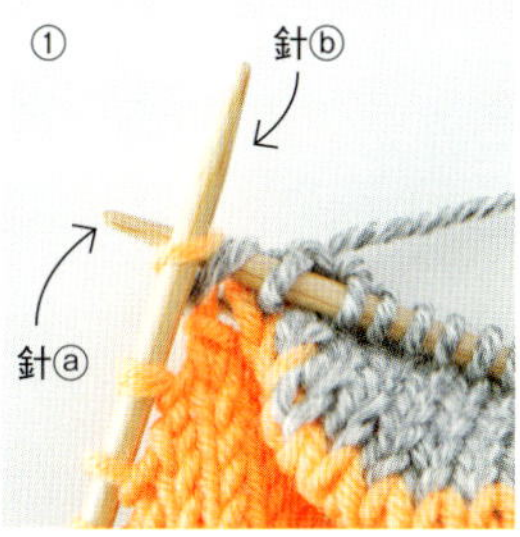

①前回ショートロウをした目と、その目の根元に巻いた糸に写真のように針を入れる。
②表編みをする。次の目は▲のショートロウを編む。

☆ 裏編みの穴消し処理の方法

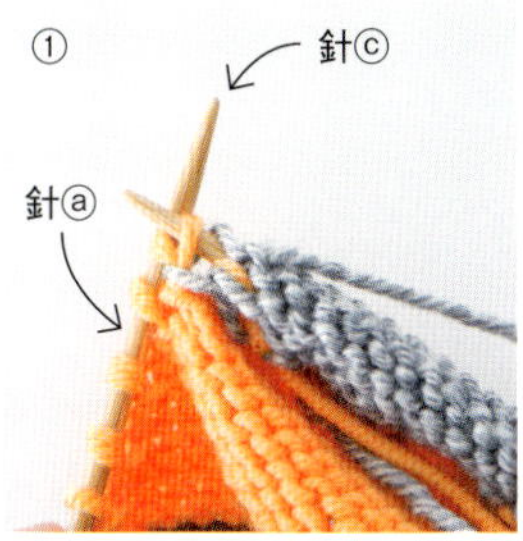

①前回ショートロウをした目と、その目の根元に巻いた糸に写真のように針を入れる。
②裏編みをする。次の目は△のショートロウを編む。

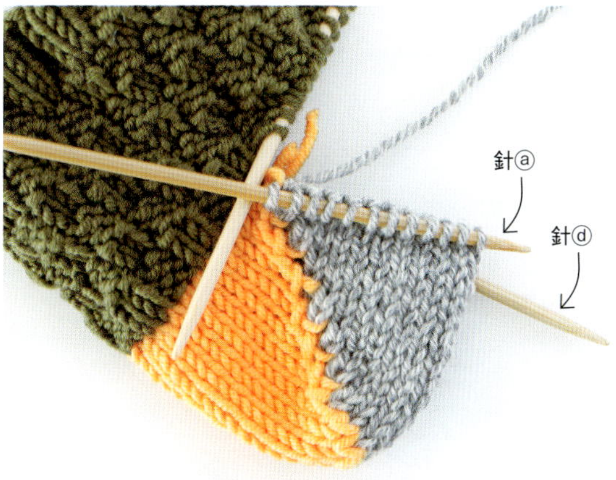

4

31段めは表編み22目、★、32段めは裏編み23目、☆。ショートロウの目がなくなりヒールが完成（写真は最後に針ⓐにまとまった24目を別針ⓓに分けた状態）。

F スイスヒール

フラット部分を幅広に編むので、かかと全体を包み込むようなゆったりした仕上がりになります。「スイスヒール」という名前は参考にした古い洋書から。由来は定かではないのですが、説明文を読むと十分な丸みがあってターンの部分はほぼ平ら、とあり、かわいいとも書いてあります。フラット部分にガーター編みが入っていてちょっと装飾的だからなのかもしれません。

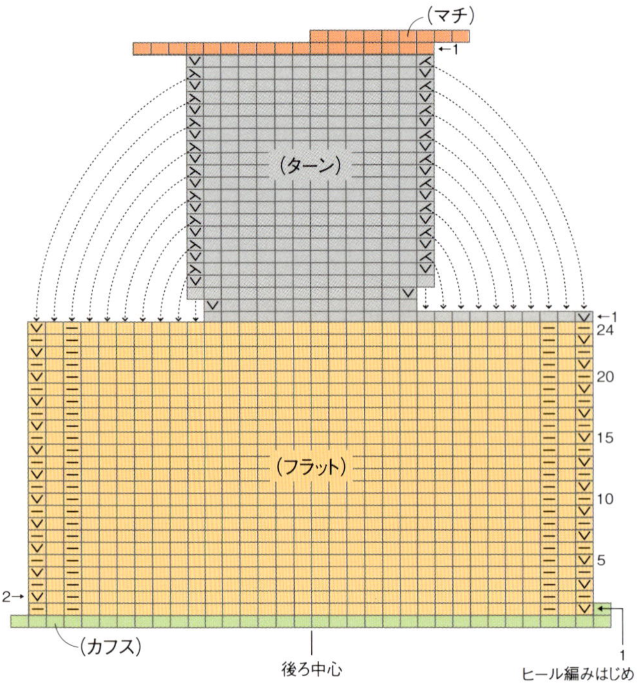

1

カフスを編んだら3分の1の目数（ここでは16目）を休め、残りの目数（36目）でフラット部分を編む。最初の目はすべり目、両端3目ずつをガーター編み、ほかはメリヤス編みにして好みの長さになるまで編む。1段めは表から編み、24段編む。

- □ 表編み
- ー 裏編み
- V すべり目
- 右上2目一度
- 左上2目一度

中心に印をつけておくと、「中心から●目」と数えるだけでよくなるから簡単なんだ。

2

ターン部分を編みはじめる。24段めは表編みで中心に印をつけ、中心から6目めまで編む（全体が奇数目の場合は中心の目を含めて6目めまで編む）。写真はここまで編んだところ。25段めは1目すべり目、中心から6目めまで裏編み、26段め〈27段め〉は1目すべり目、中心から7目めまで表編み〈裏編み〉。

3 29段めは1目すべり目、中心から6目めまで表編みをしたら、7目めと8目めに図のように針を入れ、右上2目一度。

4 右上2目一度を編んだところ。

5 30段めは1目すべり目、中心から6目めまで裏編み、7目めと8目めを裏編み左上2目1度。図は2目一度をしたところ。以下同じ要領で、奇数段は〈1目すべり目、前段の裏編み目数＋1目表編み、右上2目一度〉、偶数段は〈1目すべり目、前段の表編みと同じ目数裏編み、左上2目一度〉を、すべての編み目が1本の針にまとまるまでくり返す（ここでは46段めまで）。

6 スイスヒールのできあがり。このあとは「基本の靴下」と同様にフラット部分から目を拾ってマチを編む(→P.14)。

a ワイドトウ
→P.16

b フレンチトウ
→P.35

c ポイントトウ
→P.36

トウカタログ

つま先の編み方もいろいろ。ワイドトウとフラットトウは形もはき心地もほとんど同じですが、フラットトウのほうが簡単かもしれません。ラウンドトウ、フレンチトウ、ポイントトウはインステップの長さを決めてから、減らし目を何段めからはじめるか計算します。もちろんワイドトウとフラットトウも計算は必要です。 つま先から編む方法はちょっとめずらしい方法かもしれませんが､慣れるとなかなか楽しい編み方です。

d フラットトウ
→P.37

e ラウンドトウ
→P.39

f トウから編む靴下
→P.40

b フレンチトウ

12段で作るつま先です。最後に細くなり、フレンチヒールと同様にかわいい印象。インステップの編み地のゲージから12段が何cmになるか計算して、自分サイズになるように減目をはじめる位置を決めましょう。全体の目数が3の倍数の場合に。

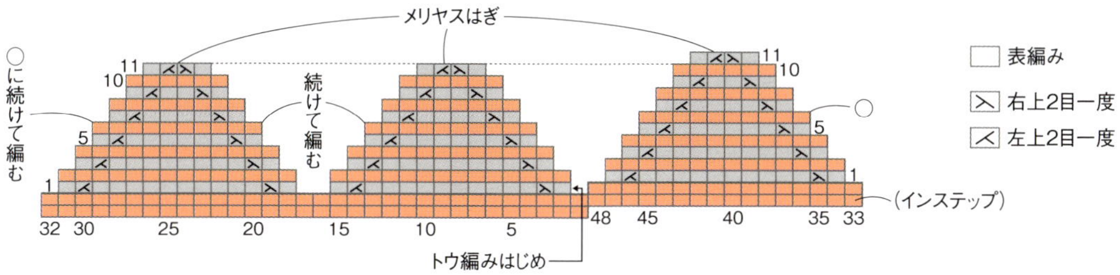

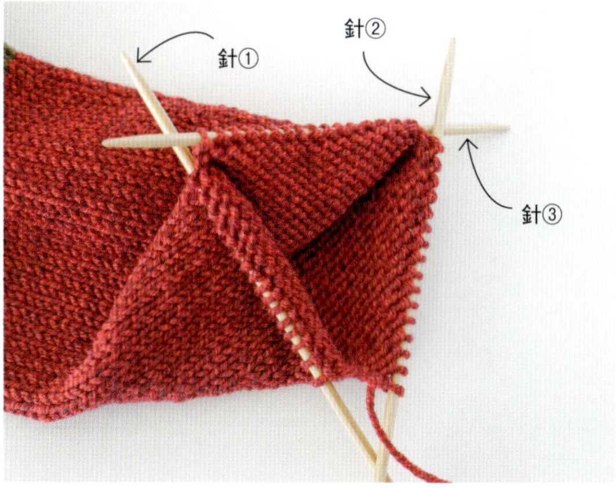

1 インステップを残り11段のところまで編んだら、編み目を針3本に均等に分ける（ここでは16目ずつ）。

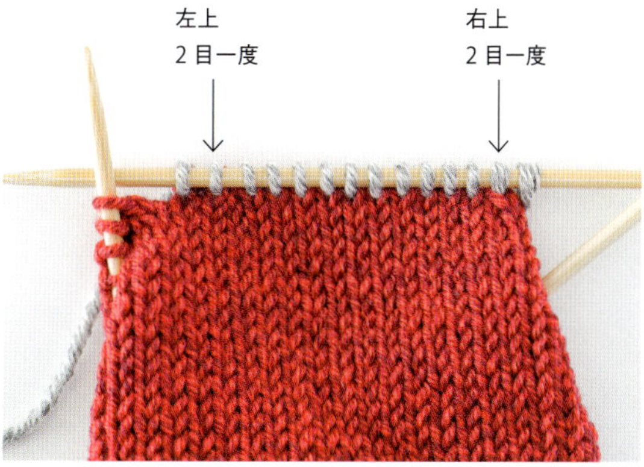

2 1段めは3本の針それぞれに、1目表編み、2目めと3目めを右上2目一度、残り3目になったら左上2目一度、1目表編み。2段めはそのまま編む。以下、奇数段では3本の針それぞれに両端1目内側で減目（右側は右上2目一度、左側は左上2目一度）をし、偶数段はそのまま編む、を1本の針の目数が各4目になるまでくり返す（ここでは11段めまで）。

3 各針に4目ずつ残るまで編む。

4 針②の目を2目ずつ針①と③に分け、メリヤスはぎにすればフレンチトウのできあがり。

C ポイントトウ

24 段のうち 3 分の 2 はゆるやかに、そして残りの 8 段で一気に減目をするため、とがった感じに仕上がりるつま先です。全体の目数が 4 の倍数の場合に。

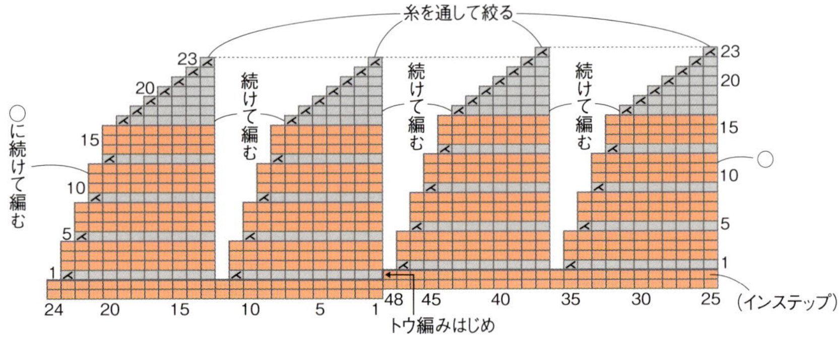

□ 表編み
⋌ 左上2目一度

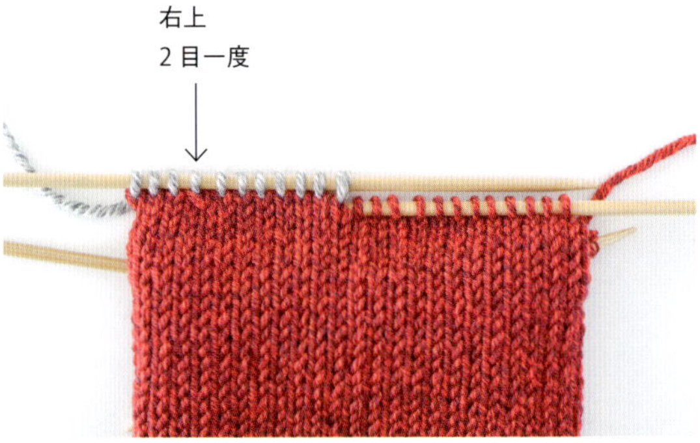

1 甲部分を残り 24 段のところまで編んだら、編み目を針 4 本に均等に分ける（ここでは 12 目ずつ）。1 段めは 4 本の針それぞれに 7 目表編み、右上 2 目一度、残りの目を表編み、をくり返す。

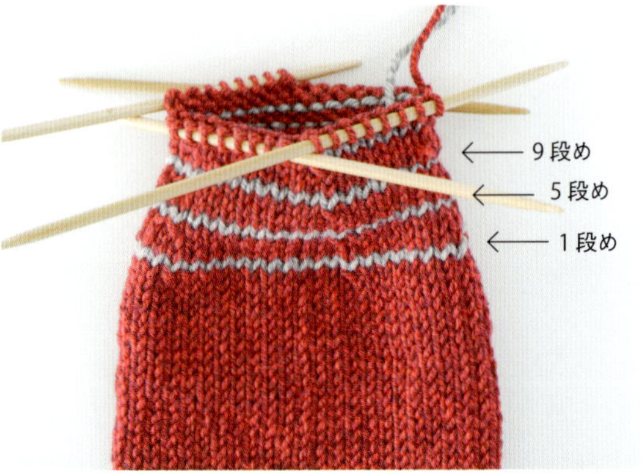

2 2 段め以降は 3 段そのまま編み、5 段めは 1 段めと同じ編み方。この編み方を 1 本の針の目数が各 8 目になるまでくり返し（ここでは 13 段めまで）、さらにそのまま 3 段編む。

3 17 段めからは毎段各針の最後で右上 2 目一度をくり返し、1 本の針の目数が各 1 目になるまで編む（ここでは 23 段めまで）。

4 残った 4 目に糸を通して絞れば、ポイントトウのできあがり。

d フラットトウ

フラットヒールと同様、平らに編むだけなので、はじめて靴下を編む人にもおすすめ。底側から編みはじめて甲側で引き抜きはぎをします。しかしデザインによっては甲側から編んで底側でメリヤスはぎにしたほうがいい場合もあります。

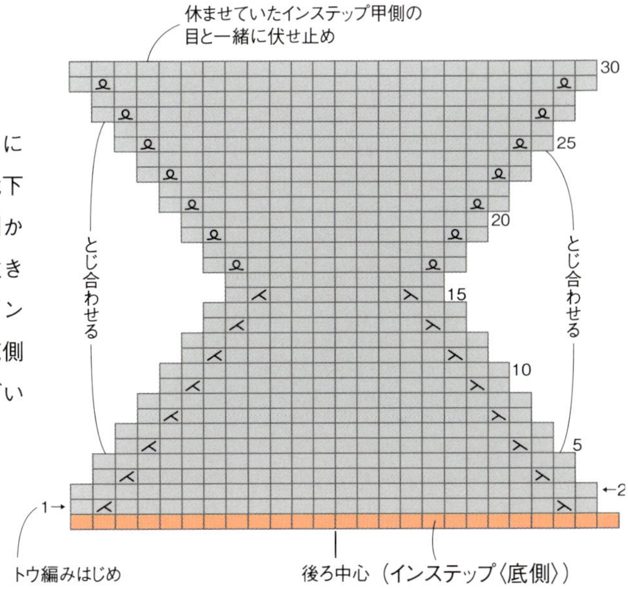

□ 表編み
ねじり増し目
右上2目一度
左上2目一度

1 インステップを編んだら、底側半分の目数（ここでは24目）を針に取り、甲側の目は休ませておく。フラットヒール（→P.26）の要領で30段編む。

2 休ませていた甲側の目を針に取り、トウの最終段と伏せ止めにしていく。まず、別針を甲側の1目めとトウ側の1目めに図のように差し込み、一緒に表編み。

→

2* 別針はかぎ針にしてもOK。かぎ針の場合も2目に針を差し込み、目を棒針からはずしてかぎ針に糸をかけて一気に引き抜く。

3 棒針で表編みをしたところ。

4 甲側の２目めとトウ側の２目めも同様に２目一緒に表編み。

5 最初に編んだ目を２目めにかぶせる。

5* かぎ針で編む場合は、かぎ針にかかった２目の左側の目を右側の目から引き出して１目にする。

6 最後の目まで伏せ止めをしたら、最後の目から糸を引き抜き、糸を切る。

7 トウの両サイドのあきをとじ合わせれば、フラットトウのできあがり。

e ラウンドトウ

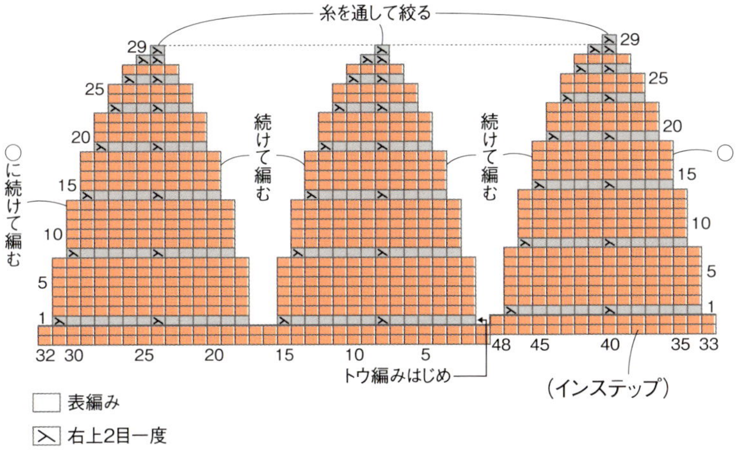

つま先に向かってゆるやかに細くなっていくタイプのつま先です。細身で華奢な足に向いています。数段おきに均等に減目をしていくので、あらかじめ目数は3の倍数にしておき、できあがり段数を計算して残り29段になったら減目をはじめます。

1 甲部分を残り28段まで編んだら、編み目を針3本に均等に分ける。

編み目を均等に分けて
均等に目を減らす
「分散減目」をしていくよ。

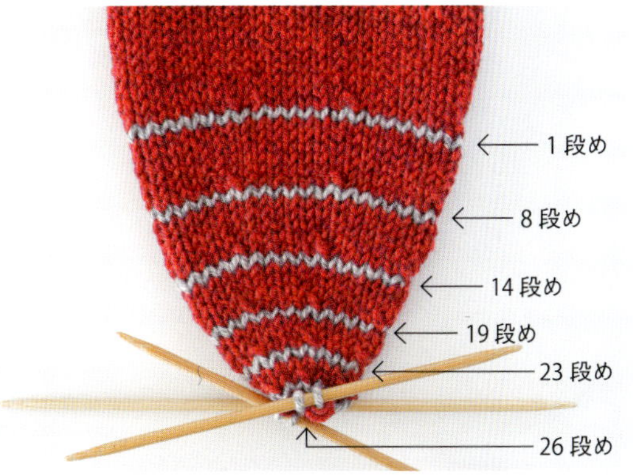

2 トウ1段めは6目編んだら右上2目一度、をくり返す（減目1回め）。2～7段めまでの6段は表編み。8段めは5目編んだら右上2目一度、をくり返す（減目2回め）。9～13段めまでの5段は表編み。14段めからは〈前の減目までの目数－1目＝★目〉編んだら右上2目一度、★段表編み、を3本の針に2目ずつ残るまでくり返す（26段めまで）。

3 27段めで3本の針に残った2目でそれぞれ右上2目一度を編み、全体で3目にする。

4 残った3目に糸を通して絞ればラウンドトウのできあがり。

f

[テーマ研究]

トウから編む靴下

つま先の編み方は
いろいろあるけど、
ここでは2種類をご紹介。
好きなほうで編んでね。

海外の雑誌を見ていて、靴下をつま先から編む方法もあることを知りました。日本でも、ワークショップを行なったときに参加者の方からその方法に興味があるとうかがい、これは一度編んでみなくては、と思い、本を手に入れました。
カフスから編む方法と逆にすればいいだけではありますが、ターンを作ったりマチを編む方法は本が参考になりました。この編み方の利点は「マチの拾い目をしなくてすむ」点、欠点は「サイズ調整にきちんとした計算が必要」という点でしょうか。しかしこの欠点はフラットヒールやはめ込みヒール、ショートロウヒールにすれば解消します。ただカフスにレース編みを使ってその曲線を利用したい場合は、この編み方には向きませんのでご注意を。針は60cm輪針2本で編みます。つま先の編み方は2種類ご紹介します。

トウの編み方① 別糸で作り目

別糸でくさりを編み、くさりから目を拾って編みはじめ、つま先の両脇で増し目をしながら編んでいく方法です。別糸のくさりは最後にほどくだけでOK。「easy toe」と呼ばれる簡単な方法です。

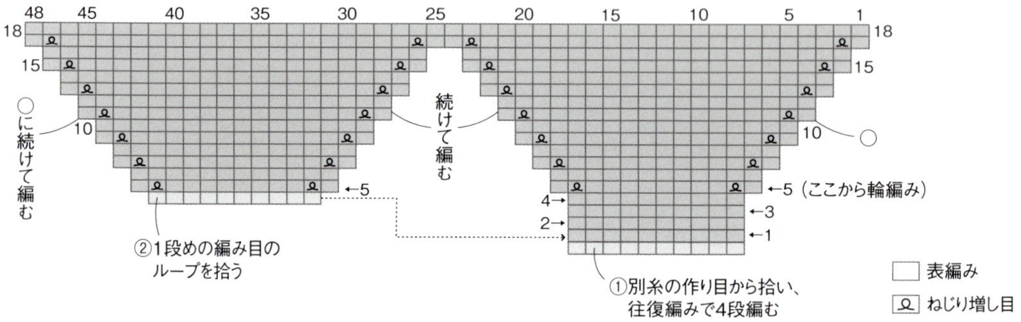

1 別糸でくさり編みを14目編み、輪針ⓐでくさりの裏山をすくって10目拾う（あとで別糸をほどきやすくするため、左右にはくさりを2目ずつ残しておく）。

2 1段めは表編みで10目編み、裏返して2段めは裏編みで10目編む。同様にしてさらに2段編む（全部で4段往復編みをする）。

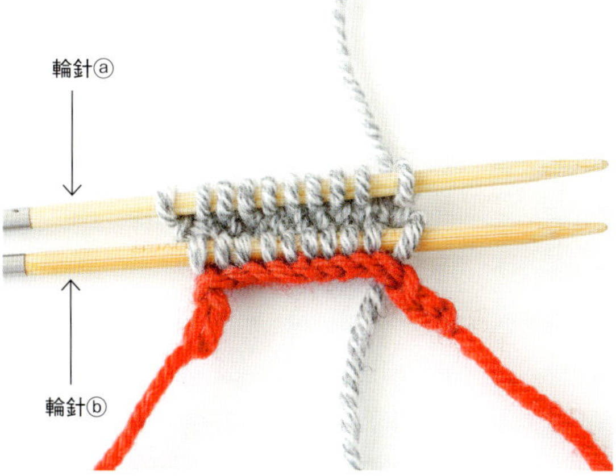

3 輪針ⓑで1段めの編み目のループを表編み面の左側側から1目につき1本ずつ拾う。

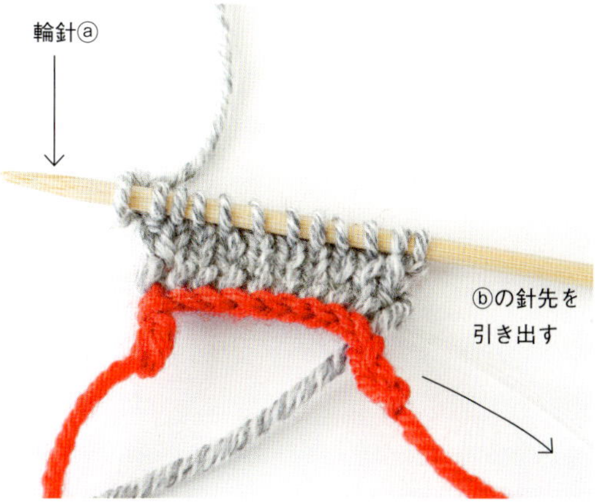

4 輪針ⓑの針先を右へ引き出し、輪針ⓐの10目を1目表編み、増し目、残り1目まで表編み、増し目、1目表編み（輪針ⓐ同士で編む）。1段編むと2目増えて12目になる。

5 上下をひっくり返し、輪針ⓐの針先を右へ引き出す。輪針ⓑの右の針先が編み地の右側にくるようにセットし、**4**と同様に編む（輪針ⓑ同士で編む）。図は編み終わったところ。これで1段輪編みをしたことになる（5段め／全体で24目）。

6 以下、増し目をせずすべて表編みをする段と、4、5と同様に1本の針の両端1目内側で増し目をする段を甲の目数（ここでは48目）になるまでくり返し、最後にもう1段編む（ここでは18段めまで）。最後に別糸をほどく。

トウの編み方②
糸をかけて作り目

英語では「figure eight（8の字型）」と呼ばれる編み方です。名前のとおり、2本の針に8の字を描くように糸を巻きつけていき、その糸から編み出します。針に糸を巻きつけるだけなので簡単です。

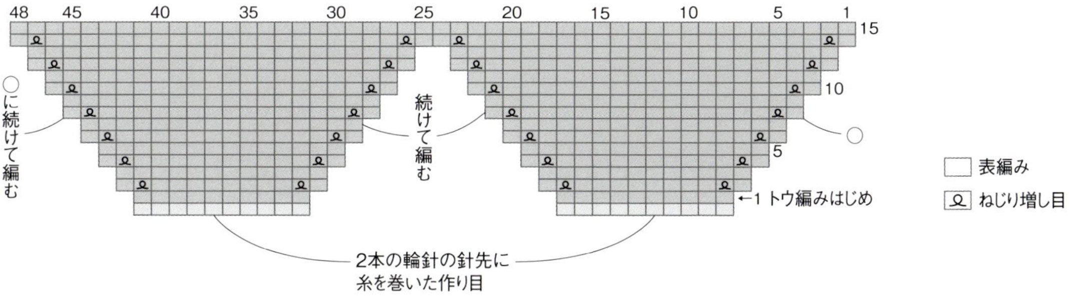

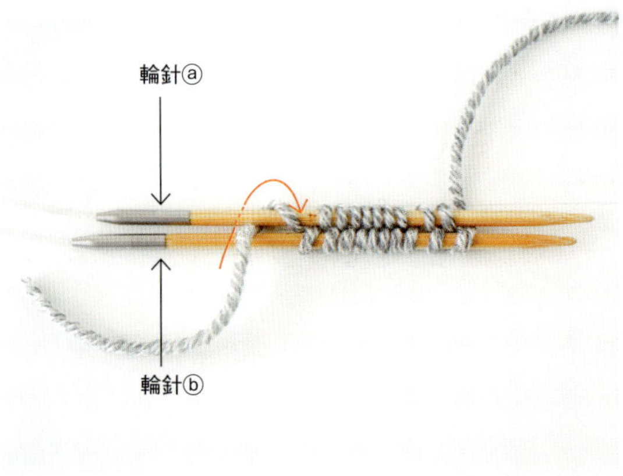

1

輪針ⓐ、ⓑの針先を束ね、ⓐ、ⓑ交互に10回ずつ糸を巻きつける。

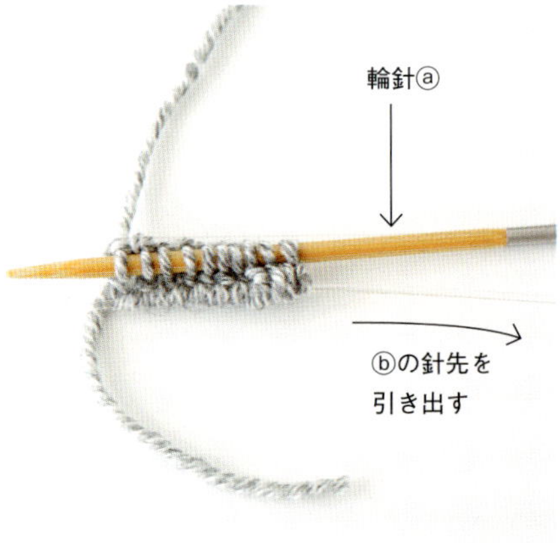

2

輪針ⓑを右側へ引き出し、輪針ⓐの10目を表編みで編む（輪針ⓐ同士で編む）。写真は10目を編み終えたところ。

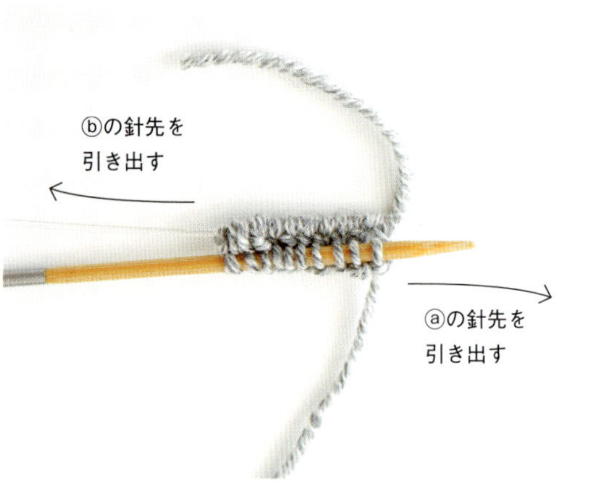

3

上下をひっくり返して持ち替え、輪針ⓐの針先を右へ引き出す。輪針ⓑは右側の針先が編み地の右側にくるようにⓐとは逆向きに引き出す。

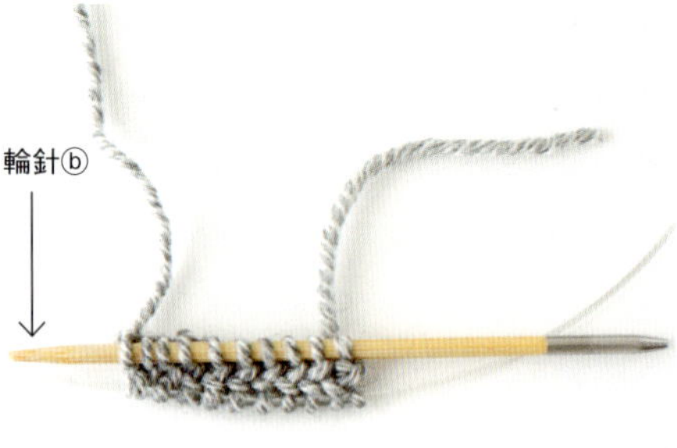

4

輪針ⓑにかかった10目を表編みで編む（輪針ⓑ同士で編む）。これで1段輪編みをしたことになる。同様にしてもう1段編む。

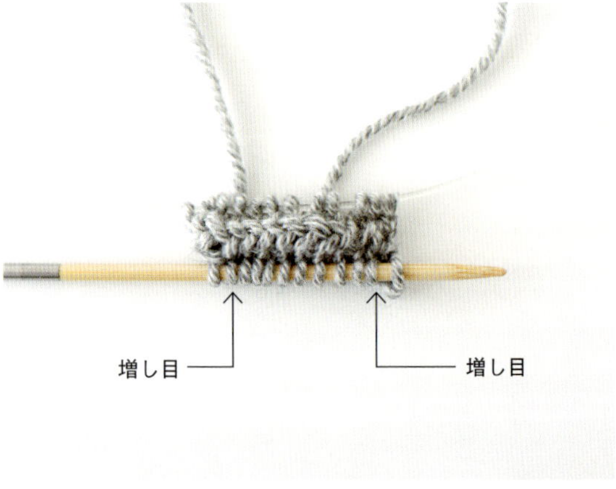

5

3段めからは1段おきに輪針ⓐ、ⓑそれぞれに両端の1目内側で増し目をしながら編む。これを必要な目数（ここでは48目）になるまでくり返し、最後にもう1段編む（ここでは15段めまで）。

6

15段めまで編んだところ。

インステップ〜ヒールの編み方

好みの編み方でつま先を編んだら、今度はインステップからヒール部分を編みます。インステップは好きな柄でまっすぐ筒状に編めばいいのですが、ゲージをとってマチを編みはじめる位置の確認をしておくと間違いがありません。今回、ヒールはフレンチヒールにしました。マチでたくさん目を増やすほど甲高の足向きの靴下になります。

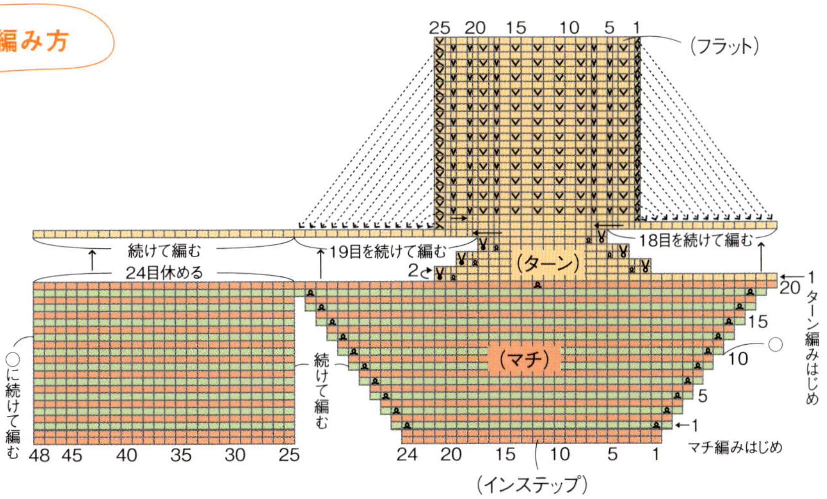

表編み
ねじり増し目
右上2目一度
左上2目一度
すべり目
表編みのショートロウ
裏編みのショートロウ

インステップ〜マチを編む

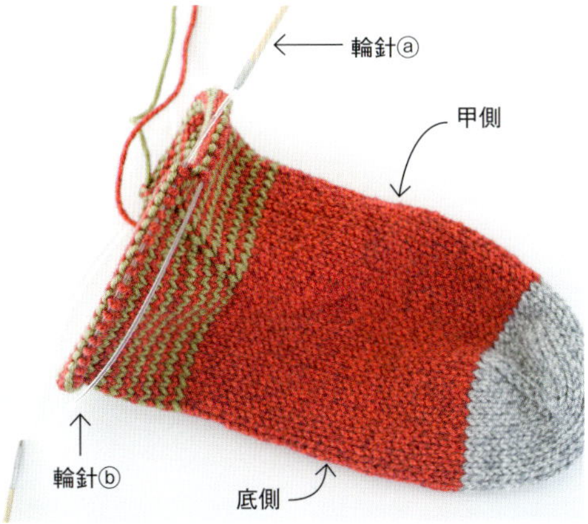

1 インステップを筒に編み、マチを編む。輪針ⓐを底側にし、底側の針の両端1目内側で1段おきに増し目をしながらマチを編んでいく（ボーダー部分がマチ。グリーンの奇数段で増し目をしている）。

2 ねじり増し目の編み方。最初に目と目の間に渡った糸に向こう側から右針を入れて引き上げ、左針にかける。

3 左針にかけた目に写真のように針を入れて表編みをすると、1目増し目ができる。19段めまで編み、最後の増し目をしたらもう1段編み、底側中央では1目増し目をする。

フレンチヒールのターンを編む

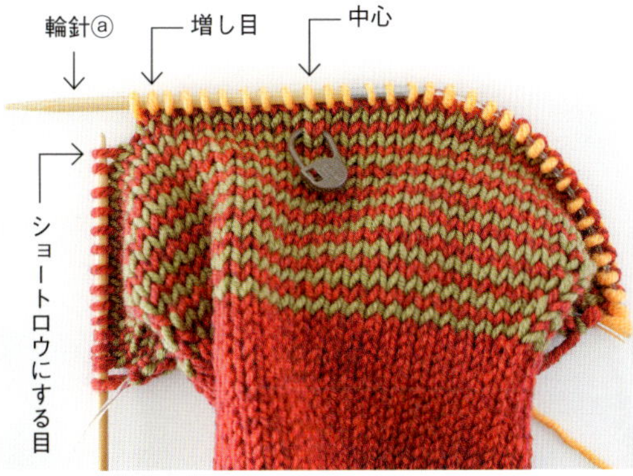

4 ヒールのターン部分を編んでいく。1段めは底側の輪針（ⓐ）にかかった目の中心に印をつけておき、底側30目（中心から7目）編んだら増し目、1目表編み。次の目を「表編みのショートロウ（→P.30▲）」にする。

7段めで
1周ぐるりと
編む

7

2段め以降は右の表のように編む。7段め（ターン最終段）では甲のほうまで続けて編んで1周し、そのまま持ち替えずに8段め（フラット部分1段め）を編む。写真は8段めまで編んだところ。

7段めの目を
拾いながら
フラット部分を編む

8

続けて右の表のように9～33段めまで、フラット部分を編む。

ターン～フラット部分の詳しい編み方

段数	編み方
1段め	30目（中心から7目）表編み、増し目、1目表編み。表編みのショートロウ（▲→P.30）
2段め	18目裏編み、増し目、1目裏編み、裏編みのショートロウ（△→P.31）
3段め	16目表編み、増し目、1目表編み、▲
4段め	14目裏編み、増し目、1目裏編み、△
5段め	12目表編み、増し目、1目表編み、▲
6段め	10目裏編み、増し目、1目裏編み、△
7段め（ターン最終段）	表編みでぐるりと甲のほうまで続けて1周表編み（編み終わると針には75目かかっている）
8段め（フラット部分1段め）	底側を19目表編み、右上2目一度（持ち替える）
9段め	すべり目、23目裏編み、左上2目一度
10段め	すべり目、[1目表編み、すべり目]×11回、1目表編み、右上2目一度
11～33段め	奇数段は9段めと同じ、偶数段は10段めと同じに編んでくり返す

9

33段めまで編むと7段めの底側の編み目がすべてフラット部分に吸収されて全部で49目になり、ヒールができあがる。

10

ここからは好みのカフスを好きな長さに編む。カフスの最初の段では、後ろ中央で2目一度をして全体の目数をもとの48目に戻す。

特別研究

2枚同時に編む靴下 “Socks at once”を研究してみました

アメリカのニット雑誌に載っていた、靴下2枚を同時に編む編み方を研究してみました。袋編みの要領で2枚を中表に重ねた状態で編んでいきます。記事を読むとトルストイの『戦争と平和』にこの方法で編んだ靴下をお披露目するシーンがあると紹介されています。『戦争と平和』は1869年に発行された小説ですから19世紀にはすでにこの編み方があったわけですが、誰が考えてどうやって広まっていったのでしょう。

輪針で靴下を2枚同時に編む方法は『輪針でニット』（小社刊）で紹介しましたが、この方法では2枚を並べて編んでいきます。ですから、2枚重ねて編む“Socks at once”のほうがコンパクトです。ただ、編み上がるまで全貌がなかなかわからないところが不安でもあり、楽しみでもあります。

参考にした本には書いてありませんが、最初に1枚ずつカフスを編んで合体させ、その後は袋編みにするため、カフスとヒールから先でゲージが変わるのではないかと思い、ゲージをとってみました。やはり袋編みにするとゲージがゆるくなるので、袋編みにしてからは針を1号細くして編みました。

減らし目の方法が「2目一度」としか紹介されていないので、左右の靴下で右上、左上を編み分けなくても大丈夫なのだろうか？　と心配しながら編んだところ、やはり片方はちょっと気になります。

以上の、実際に編んでみて気になったことをふまえて、この方法の注意点をまとめてみました。

:: ゲージのこと

袋編みは、ゲージがゆるくなるという特徴があります。そこで2枚を別々に編むカフスと、2枚を重ねて袋編みにしてからではゲージがどう変わるのかを調べてみました。

すると、10cmの目数は

・4号針で編んだカフスのゲージ：24目

・4号針で袋編みにしたゲージ：20目

という結果でした。そこで袋編みにしてからは3号針にしたところ、ほぼ同じゲージになりました。

別々に編むのをカフスの編みはじめから数段分のゴム編みだけにすれば、針を替えなくても大丈夫だと思いますが、袋編みはゲージがゆるくなることは覚えておいてください。

:: ヒールの編み方

この部分は往復編みで平らに編みますが、最後の段で編み地を外側から見たときの左端に編み糸をもっていくため、奇数段編みます。編みはじめはすべり目ですが、裏編みは裏編みをするようにすべり目、表編みのほうも裏編みをするようにすべり目をします。

:: かかと（ターン）の減らし目

1段目は内側のほうからはじめます。「2枚とも同じでいいのかしら？」と心配しながらも、最初は参考にした洋書にあるとおり2枚とも左上2目一度で編んでみました。

すると、とくに違和感はありませんでしたが、目の方向が2枚ともきちんと外側を向くように減らし目をするにはどうしたらいいか試したところ、<裏編みするほうは左上2目一度><表編みするほうは右上2目一度>というルールで編めばいいという結論に達しました。

:: マチの減らし目

ここでも左右の減らし目の目の方向が気になりますね。編んでみてもちょっと違和感がありましたので、ここはやはりきちんと使い分けたいと思います。かかとが自分のほうに向いた状態で右の外側は裏編み左上2目一度、内側は右上2目一度、左の外側は裏編み右上2目一度、内側は左上2目一度にすると、両方

編み上がったら、
最後のお楽しみ。いよいよ
2枚をバラバラに！
外側をゆっくりはがすと……
見事2枚の靴下に！

とも減らし目の方向がきれいになります。もちろん気にならなければ、すべて左上2目一度でもかまいません。

:: 一番気をつけること

袋編みで怖いのは、いつの間にか2枚がつながってしまうこと。ときどき間違ってつなげて編んでいないかチェックしましょう。さあできた！と2枚を別々にしようとしたらつながっていた!! なんてことのないように。Be Careful!

:: 表紙の Socks at once

1足編んでみて、要するに at once だからこれ、という編み方はとくにないことが分かりました。つまり、どんな種類のヒールやトウでも編めるということです。そこで表紙の靴下ではヒールは A タイプのボックスヒール（→P.12）、トウは c タイプのポイントトウ（→P.36）を at once で編んでみました。

::Socks at once トリビア

この靴下の編み方を紹介していた本には、トルストイの『戦争と平和』のなかにアンナ・マカローヴナという女性が編み上がった2枚の靴下を別々にするところを「ほら！」と子どもたちに見せるシーンがあり、それがまさにこの編み方の靴下だ、とありました。

これを読んだ私の頭のなかは？だらけに。19 世紀にもうこの編み方が知られていたの？ それなのになぜ現代ではほとんど知られていないの？ トルストイの身近でこの編み方をしていた女性がいたの？ どうやってこの編み方が当時のロシアに知られたの？ ルーツは？ ……と疑問が次々にわいてきました。

早速日本語訳、英語版も読んでみました。小説にはアンナしか知らない秘密の方法で……とありますが、少なくともトルストイは同じ針で一度に2枚の靴下が編めるということを知っていたわけですね。翻訳者はこの靴下のことをどの程度ご存知で訳されたのでしょうか。これは今後の研究課題です。

“Socks at once”の編み方

袋編みの要領で２足の靴下を同時に編んでいく“Socks at once”。そのちょっと不思議な方法をくわしくご紹介します。しくみさえわかれば、どんなヒール、トウでも２枚一緒に編むことができます。中表に合わせた２枚を１目ずつ交互に編むので編み地によってはかなり複雑になりますが、最後に２枚を分けるときの楽しさはこの編み方ならではのもの。ぜひお試しください。

外側はオレンジ糸で裏編み、
内側はグレー糸で表編みをして
編んでいくよ。
はき口のゴム編みは、
オレンジソックスがグレーから、
グレーソックスはオレンジから。
２枚は反転したデザインなんだ。

材料　パピークイーンアニー
　　　オレンジ（967）、グレー（832）各 45g
用具　４号５本針、３号５本針
※表紙作品は同じ作品を以下の材料、用具で編んでいます
材料　オステルヨートランド
　　　キャラメル　オレンジ系段染め（01）30g
　　　ヴィーシェ　オレンジ（07）30g
用具　４号 60cm 輪針２本または４号５本針

カフスのゴム編みを編む

1　４号針で２枚それぞれ 48 目作り目をし、１目ゴム編みで 10 段ずつ編み、１段表編み。

２枚をまとめる

2-1　２枚を重ね、外側の針の目（オレンジ）と内側の針の目（グレー）を３号針で交互に拾う。

2-2　すべての目を４本の針に分けて拾う（針の号数はここで１号程度細くする）。

2-3　真上から見るとこのような状態になっていて、外側（オレンジ）と内側（グレー）の編み糸がそれぞれ出ている。

カフスを編む

3-1　２枚一緒に編んでいく。外側（オレンジ）は外側の糸（オレンジ）で**裏編み**。糸はつねに編み地の手前におく。

3-2　内側（グレー）の目は内側の糸（グレー）で**表編み**。糸はつねに編み地の向こう側におく。

3-3 糸の位置を間違えないように注意して、続けてカフスを編む。

3-4 数段編んだところ。広げてみると１本の針に２枚つながっているのがわかる。

フラット部分を編む

4 フラット部分を編む。半分の目を１本の針に取り、往復編みで 17 段編む（毎段最初の目はそれぞれすべり目）。

5 ターン部分を編む

往復編みでターンを編む。
＜１段め：グレー（内側）が手前＞
すべり目２目（グレー、オレンジ各１目）、グレー（内側）の目を裏編み、オレンジ（外側）の目を表編みで合計 24 目編んだらグレーは裏編みの左上２目一度、オレンジは右上２目一度を編んで、グレー１目裏編み、オレンジ１目表編み、持ち替える。
＜２段め：オレンジ（外側）が手前＞
すべり目２目、オレンジ（外側）の目を裏編み、グレー（内側）の目を表編みで合計６目編んだらオレンジは裏編み左上２目一度、グレーは右上２目一度を編んで、オレンジ１目裏編み、グレー１目表編み、持ち替える。
＜３段め：グレー（内側）が手前＞
すべり目２目、グレー（内側）の目を裏編み、オレンジ（外側）は表編みで合計８目編んだらグレーは裏編み左上２目一度、オレンジは右上２目一度を編んでグレー１目裏編み、オレンジ１目表編み、持ち替える。
※４段め以降は裏編み・表編み部分の目数を毎段２目ずつ増やして全体の目数が 28 目になるまで（10 段めまで）編む。

２目一度の編み方

次に編むＡ色（グレー／手前にあるほう）の目（★）を右針にとり、その次のＢ色（オレンジ／向こう側にあるほう）の目（☆）を別針にとる。

→

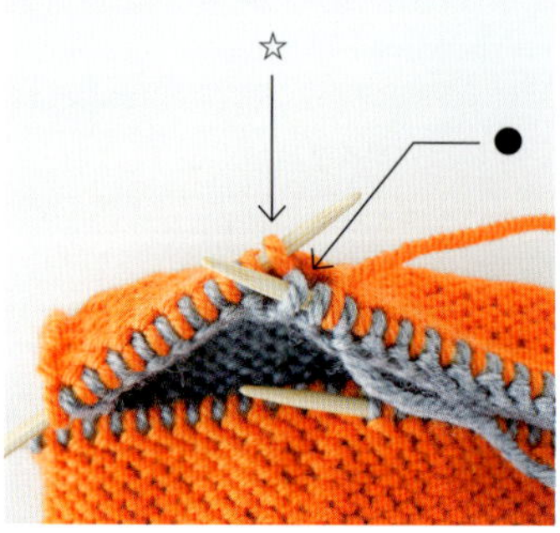

３目めのＡ色の目（●）も右針にとり、別針の目を左針に戻す。

→

これで☆と★の目が入れ替わり、Ａ色、Ｂ色それぞれが２目ずつ並んだ。

マチを編む

6-1 フラット部分のサイドから目を拾う。外側（オレンジ）は向こう側から図のように針を入れる。

6-2 針に糸をかけて裏編みをするように引き出すと、1 目拾える。

6-3 内側（グレー）は手前から図のように針を入れる。

6-4 針に糸をかけて引き出すと、1 目拾える。ここまでをくり返し、オレンジ、グレーを各 10 目拾う。

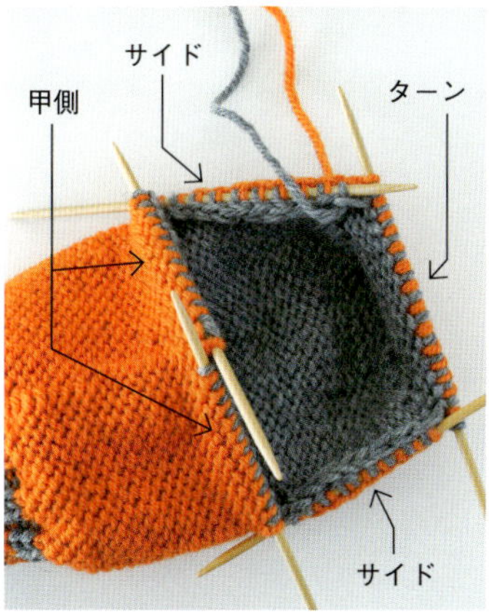

6-5 反対側からも同様にオレンジ、グレーを各 10 目拾う。拾ったら、オレンジは裏編み、グレーは表編みで 1 段編む。

6-6 2 段めからの偶数段ではマチの両脇で目の位置を入れ替えて減目をする（→ 下段「2 目一度の編み方」参照）。

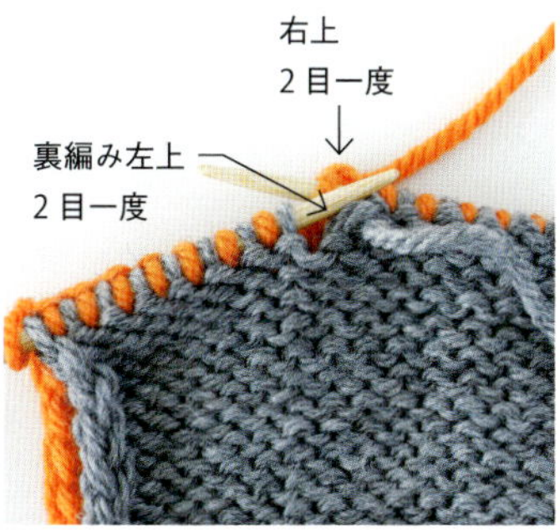

手前にある A 色の 2 目は裏編み左上 2 目一度、B 色の 2 目は表編みの右上 2 目一度を編む。

→

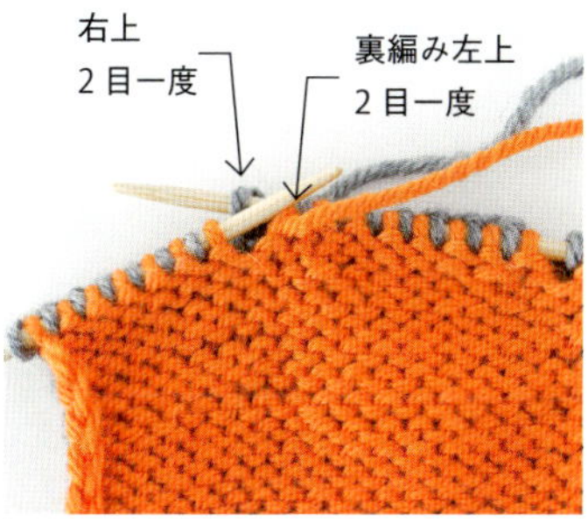

B 色が手前になる段の終わりでも同様に目の入れ替えをして B 色の 2 目は裏編み左上 2 目一度、A 色の 2 目は表編みの右上 2 目一度を編む。

左右の靴下を中表に
合わせて編んでいるから、
手前の裏面を編んでいる色は
「裏編み左上 2 目一度」、
向こう側の表面を編んでいる色は
「右上 2 目一度」になるんだ。

6-7 マチ左側で外側（オレンジ）は同色の2目に図のように針を入れ、裏編み右上2目一度。内側（グレー）は左上2目一度を編む。

6-8 マチ左側で2目一度を2回したところ。マチ右側の外側（オレンジ）は裏編み左上2目一度、内側（グレー）は右上2目一度を編む。

6-9 偶数段で減目をし、奇数段はそのまま編んで、全体でもとの目数（それぞれ48目）になるまで（10段まで）編む。

インステップ〜トウを編む

7-1 インステップを編む。外側のオレンジの目は裏編み、内側のグレーの目は表編みにして編む。トウはラウンドトウで編む。

7-2 減目はどちらも左上2目一度をしていき、針に2目ずつ残るまで編む。

7-3 オレンジの糸端をオレンジの目に外側から通し，グレーの糸はグレーの目に内側から通し、それぞれ絞る。

7-4 通した糸を絞ったところ。

7-5 外側の靴下を裏返すようにして分けると、靴下1足が同時にできあがり。

（念のため）Socks at one 編み図

今回“Socks at one”で編んだ靴下の外側のほうを編み図にすると、下のようになります。
今回は２枚の靴下を外表に合わせて編んだので、外側はずっと裏編み、内側はずっと表編みで編みました。

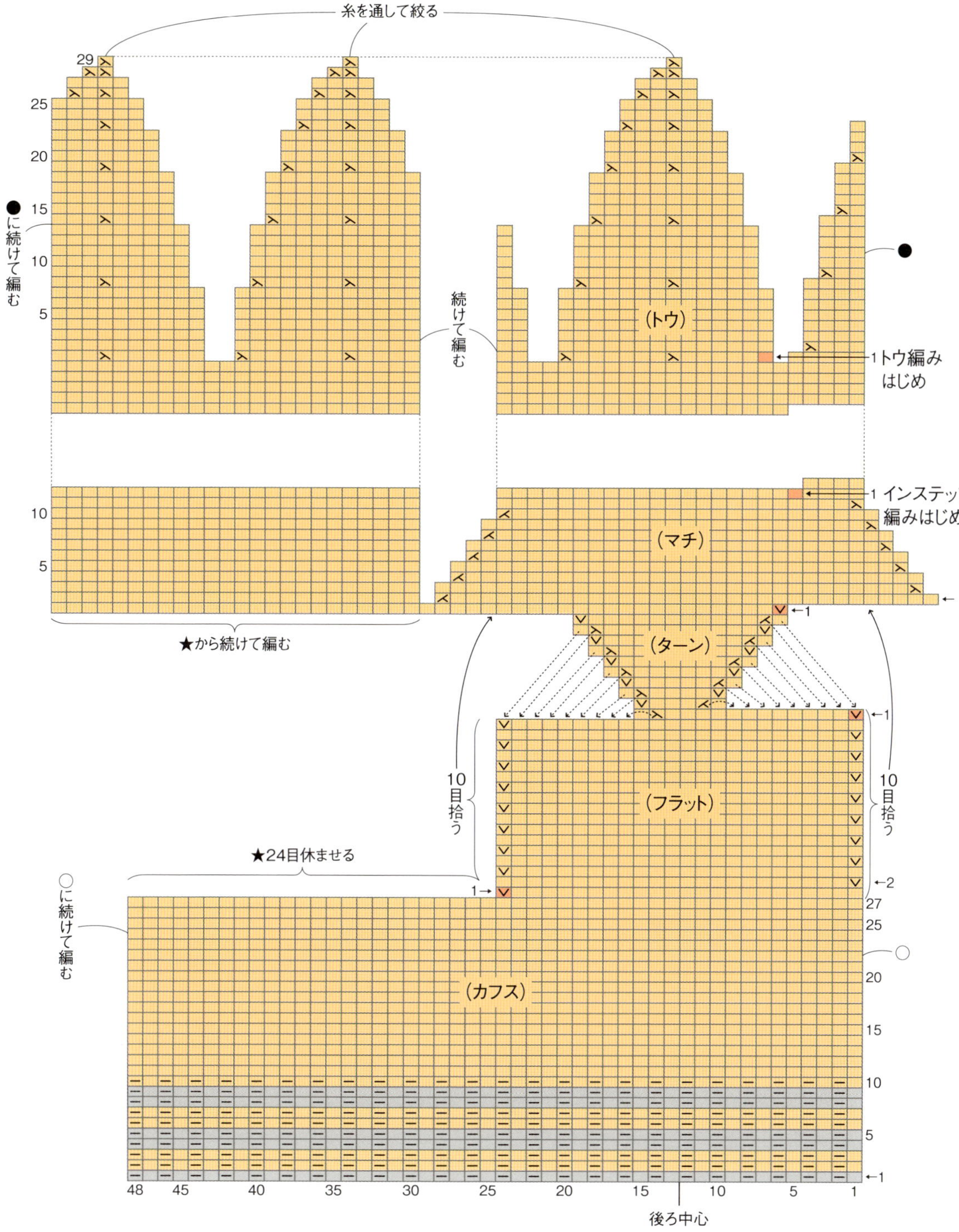

表編み　裏編み　すべり目　右上2目一度　左上2目一度

自由研究

組み合わせて楽しむ アレンジカタログ

ここまでにご紹介してきたヒール6種類、トウ5種類の組み合わせを変えることで、いろいろなタイプの靴下を編むことができます。形の好みだったり、編みやすさだったり、はき心地だったり、組み合わせのテーマはお好みしだい。さらにトウのfタイプとしてご紹介した「トウアップ」の編み方や、特別研究としてご紹介した「Socks at once」の編み方など、編み方のアレンジも加えると、靴下というアイテムだけでじつにさまざまな「編む楽しさ」を味わえます。そこでここからは、アレンジ例として20種類の靴下デザインをご紹介します。

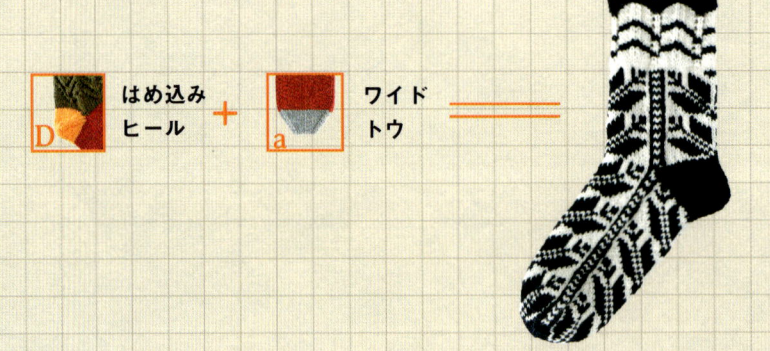

はめ込み
ヒール

＋

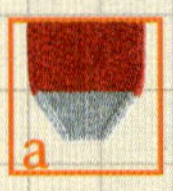

ワイド
トウ

レース編みや
編み込みなど、
編み地のデザインも加えたら
バリエーションは
無限大だね。

ショートロウ
ヒール
+

ワイド
トウ

青海波レースのソックス

How to knit >>> page.66

全体がレース柄になったおしゃれなデザイン。
ちょっと細めの糸で細めのできあがりに。

フレンチ
ヒール
+

フラット
トウ

レースのイエローオーカーソックス

How to knit >>> page.67

はき口がジグザグになるレースカフスで、
インステップにもレース模様を入れて繊細に。

インステップの甲側、底側両方に編み込み柄を入れたデザイン。かかとは縞にすると裏に糸が渡って丈夫になります。作り目も２色の作り目にしてカフスの編み込みゴム編みに合わせました。セルブ柄のソックスは、足のサイズに合わせてつま先の仕上げ段数を調整しましょう。

フラットヒール ＋ フラットトウ

モノトーン格子柄の編み込みソックス

How to knit >>> page.68

はめ込みヒール ＋ ワイドトウ

モノトーン花柄の編み込みソックス

How to knit >>> page.69

はめ込みヒール ＋ ワイドトウ

セルブソックス

How to knit >>> page.70

B フレンチ
ヒール
+
b フレンチ
トウ

フェアアイルソックス

How to knit >>> page.72

フェアアイルの伝統的な柄を３種類、
色使いを変えて編みました。
模様は作り目に合わせて
収まるものを選びましょう

スイス
ヒール
+

ポイント
トウ

子象柄の編み込みソックス

How to knit >>> page.71

ポチポチ入りの１目ドット柄は、ノルディックセーターの
しらみ模様のイメージ。ワンポイント柄は好きなモチーフを編み込んで。

スイス
ヒール ＋ ワイド
トウ

ブルーの縄編みソックス

How to knit >>> page.74

スイス
ヒール ＋ ワイド
トウ

赤のレース模様ソックス

How to knit >>> page.76

1色でシンプルに、しかし編み地はちょっと工夫のあるものにしました。縄編みのほうは縄編みのゴム編みで、伸縮性のあるはき心地のいい編み上がりです。

B フレンチ ヒール ＋ a ワイド トウ

白の縄編みソックス

How to knit >>> page.77

左はカフスからつま先まで縄編みを入れたデザイン。アランセーターのイメージで白にしました。木の葉柄のデコボコレースのほうは、白のストライプをプラスしてさわやかな印象に。

C フラット ヒール ＋ d フラット トウ

木の葉レース模様のソックス

How to knit >>> page.78

ボックスヒール ＋ ポイントトウ

エストニアスパイラルソックス A

How to knit >>> page.82

いつの間にかななめになるエストニアスパイラルとキヒノヴィッツを組み合わせた華やかな編み込み。色を変えてオリジナルワンに

はめ込みヒール ＋ ワイドトウ

エストニアスパイラルソックス B

How to knit >>> page.83

インステップの編み込み柄を生かすにははめ込みタイプのかかとがおすすめ。こちらも色使いを変えていろいろ編んでみたくなります。

ボックス
ヒール

+

ポイント
トウ

トリコロールのキヒノヴィッツソックス

How to knit >>> page.80

キヒノヴィッツと少し幅広のダブルキヒノヴィッツを
プラスした、１目ずつの編み込み柄。
簡単なのに複雑な仕上がりで見応え十分です。

横から編むソックス

ガーターソックス

How to knit >>> page.79

この靴下、じつは長ーく編んで両脇ではぎ合わせて
作ります。段染め糸で編むとこのような
楽しいデザインになります。

トウから
編む靴下

トウアップの段染めソックスA

How to knit >>> page.84

ポリエステル糸なのカラフルな段染め糸が楽しい雰囲気に。
つま先から編んでいますがかかとははめ込み式なのでとっても簡単。

トウから
編む靴下

トウアップの段染めソックスB

How to knit >>> page.85

基本の編み方と同じ方法で。フラット部分と最後のはき口ゴム編み
に別糸を使いました。段染め糸の面白さが楽しめます。

ボックスヒール ＋ ワイドトウ

コットンモールソックス

How to knit >>> page.88

もこもこしていてもコットンなのではき心地はやさしくていい感じ。はき口のピコットの折り返しには、ゆるくゴムテープを入れてはきやすく。

トウから編む靴下

トウアップのコットンソックス

How to knit >>> page.86

撚りの強いコットンヤーンで夏の靴下に。ウールほどの伸縮性はありませんが、それがかえってはき心地をよくしています。

How to Knit

アレンジ作品の編み方

{編みはじめる前に}

・材料欄に記載した毛糸の重量は 1 足分（左右ひと組み）の分量です。
・材料欄で糸の名称とともに記載した数字は、糸の色番号です。
・記載した寸法のうち、とくに記載がないものの単位はすべて cm です。
・作品で使用したものと違う糸で編む場合は、下記の使用糸リストのデータを参考にしてください。

使用糸リスト（50 音／アルファベット順）

メーカー／製品名	糸長（100g あたり）	素材
オステルヨートランド／ヴィーシェ	約 300m	ウール 100%
オステルヨートランド／オンブレ	約 300m	ウール 100%
オステルヨートランド／キャラメル	約 300m	ウール 100%
ておりや／オリジナルモークウール A	約 340m	ウール 100%
ハマナカ／フェアレディ 50	約 250m	ウール 70%／アクリル 30%
パピー／プリンセスアニー	280m	ウール 100%
パピー／コットンコナファイン	420m	コットン 100%
ホビーラホビーレ／スイートパレット	約 275m	ウール 100%
DIANA COLLECTION マノロ	約 230m	コットン 65%／アクリル 35%
Naska Premier エブリデイカラフル	約 250m	アクリル 100%
ZARA メリノ	250m	ウール 100%

E ショートロウヒール ＋ **a** ワイドトウ

Photo >>> page.53

青海波レースのソックス

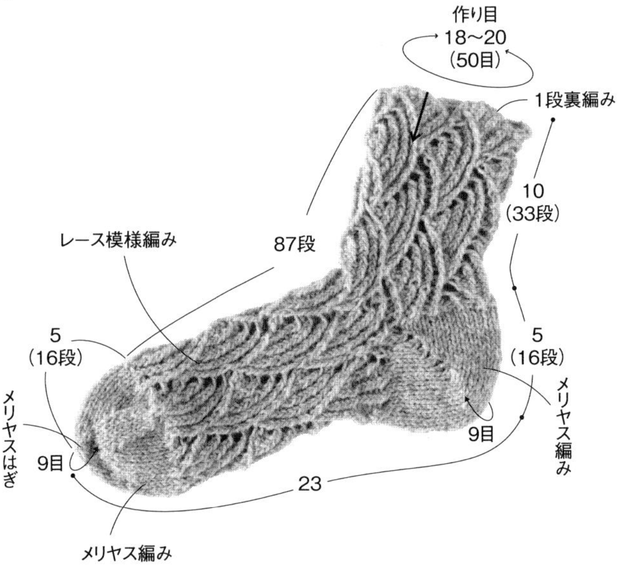

材料

てをりやオリジナルモークウール A
グレー（14）……100g

用具

4 号 5 本針または 4 号 60cm 輪針 2 本／ 5 号かぎ針

編み方手順

［作り目］ かぎ針の作り目で 50 目作り輪にする

1. 1 段めは裏編み。
2. レース模様の模様編みでカフスを 32 段編む。
3. 甲側にする 25 目を休ませ、メリヤス編みでショートロウヒール（→P.30）を編む。
4. 休ませていた 25 目と再び輪にし、レース模様の模様編みを続けてインステップを 54 段編む。
5. ワイドトウ（→P.16）をメリヤス編みで 16 段編む。全体で 18 目残るので、9 目ずつを 2 本の針に分け、メリヤスはぎにする。

編み方ポイント

・模様編みの 19 段めでは最初の目を右針に移してから模様を編みはじめます。37 段、55 段、73 段でも同様に段の最初で 1 目ずらして編みはじめます。

ショートロウヒールの編み方（→P.30）

1 段め：25 目表編み
2 段め：1 目すべり目、23 目裏編み、裏編みのショートロウ（△）
3 段め：22 目表編み、表編みのショートロウ（▲）
4 段め：21 目裏編み、△
5 段め：20 目表編み、▲
※以下表編み、裏編みを 1 目ずつ減らしてくり返す
16 段め：9 目裏編み、▲
17 段め以降は P.31 を参照し、各段の最後で針に残っている目を 1 目ずつ編みつないで穴消し処理をし（★または☆）、次の目はショートロウにする。これを元の 25 目になるまで（32 段めまで）くり返す。

レース模様編み

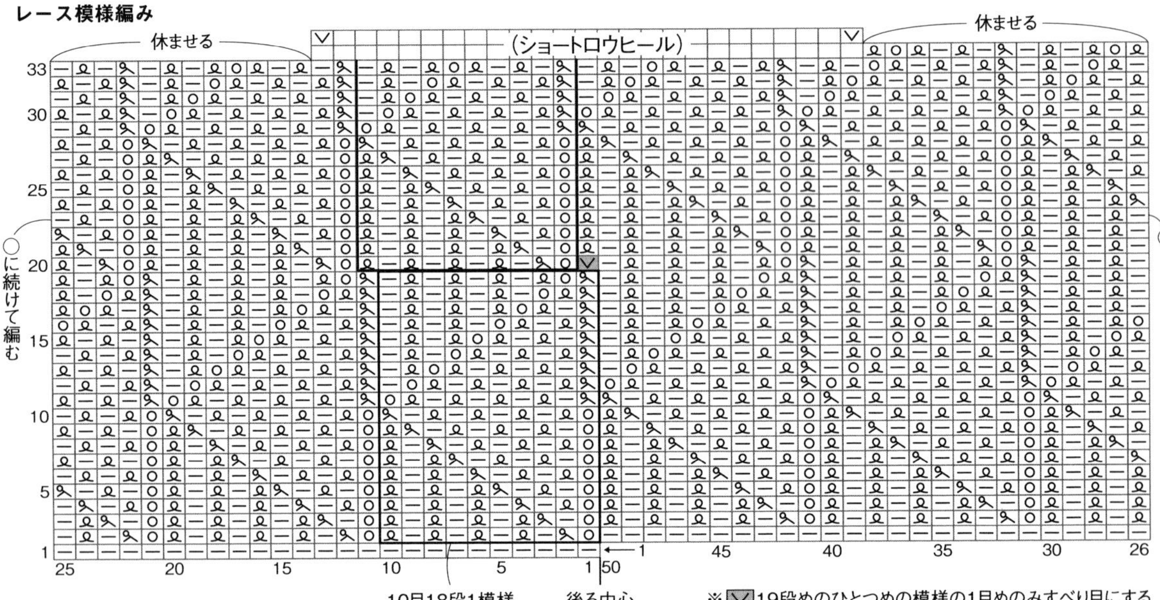

※ V 19段めのひとつめの模様の1目めのみすべり目にする

― 裏編み　○ かけ目

ねじり目　ねじり右上2目一度 →編み方：左針にかかった 2 目の後ろ側のループに右針を差し込み、一緒に表編みをする。

レースのイエローオーカーソックス

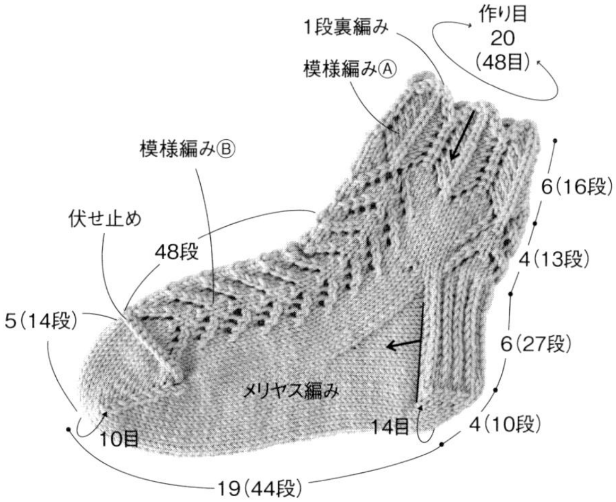

材料
ZARA メリノ
イエローオーカー（1744）……90g

用具
4号5本針または4号60cm輪針2本／5号かぎ針

編み方手順
［作り目］かぎ針の作り目で48目作り輪にする
1 1段めは裏編み。
2 模様編みⒶでカフスを15段編む。
3 甲側と後ろ側に模様編みⒷを入れてカフスの続きを13段編む。
4 甲側の24目を休ませ、フレンチヒール（→P.24）を編む（※フラット部分は27段編む）。
5 ヒールのフラット部分から左右それぞれ14目拾い、甲側の24目、ターンの残り目14目を針にとり、甲側に模様編みⒷを入れてマチを18段編む（→P.14）。
6 模様編みⒷを入れてインステップを30段編み、底側からフラットトウ（→P.37）を編む。

編み方ポイント
マチを編みはじめるときの目数は66目。66目－48目＝18目となり、左右のマチ部分で2段ごとに9回ずつ減目をします。

マチの目の拾い方

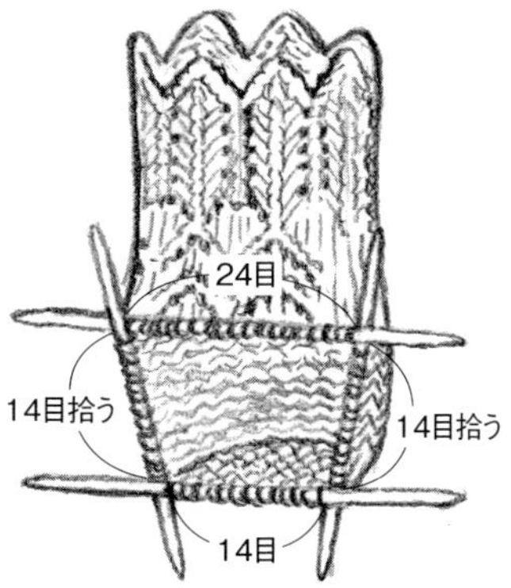

レース模様編み

□ 表編み　○ かけ目
－ 裏編み　⋋ 右上2目一度
⋏ 中に3目一度　⋌ 左上2目一度

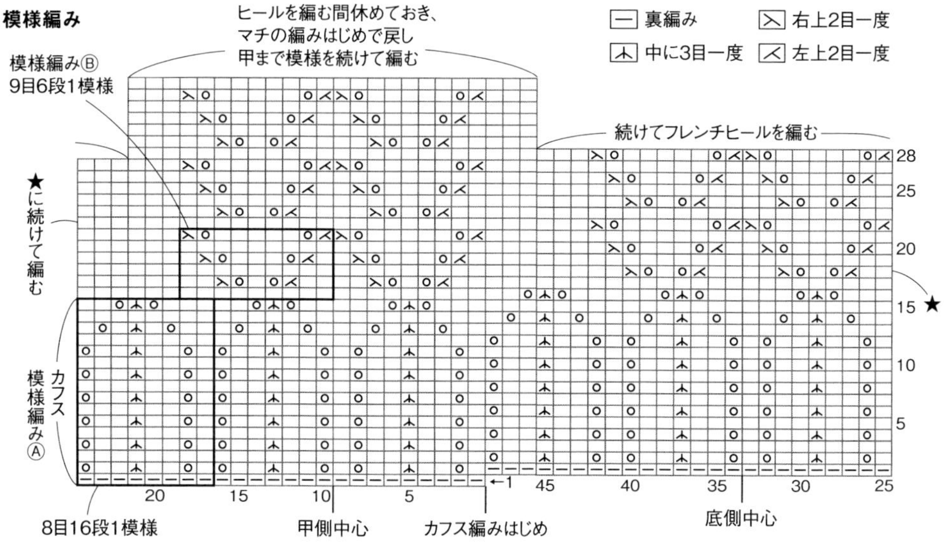

C フラット ヒール ＋ **d** フラット トウ

Photo >>> page.55

モノトーン格子柄の編み込みソックス

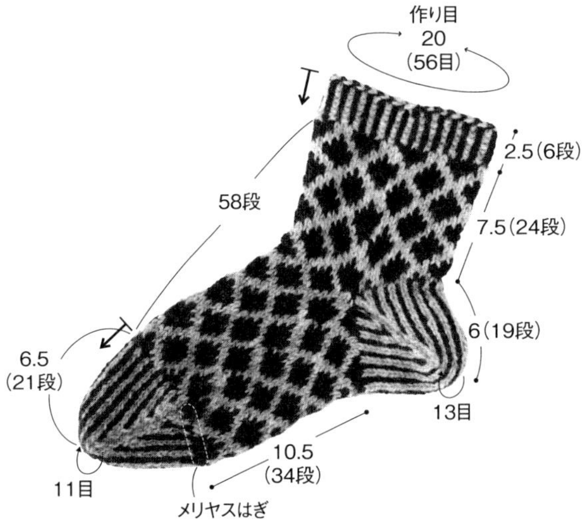

材料

オステルヨートランド　ヴィーシェ　黒（06）、
オンブレ　グレー系段染め（02）……各 40g

用具

4 号 5 本針または 4 号 60cm 輪針 2 本／ 5 号かぎ針

編み方手順

［作り目］2 色の作り目で 56 目作り輪にする

1　2 色の 1 目ゴム編みでカフスを 6 段編む。
2　模様編みⒶでカフスの続きを 24 段編む。
3　別糸か別針にとって甲側の 28 目を休ませ、フラットヒールを縞柄で 38 段編む。最初に両端と中央で 1 目ずつ増し目をして全体で 31 目にしてから、図を参照して編む。
4　休ませていた 28 目と再び輪にする。このときヒールの両端と中央で減目して 28 目に戻す。
5　56 目でインステップ（模様編みⒶ）を 34 段編む。
6　底側の 28 目を休ませ、ヒールと同様に増し目をして甲側からフラットトウを図を参照して編む。最終段で減目をして 28 目に戻し、休ませていた底側の 28 目とメリヤスはぎにする。
7　ヒールとトウの両脇をとじ合わせる。

編み方ポイント

・ヒール、トウは縞柄で編みますが、両端 1 目内側の目がグレーになるよう減目、増し目をします。

フラットヒールの編み方

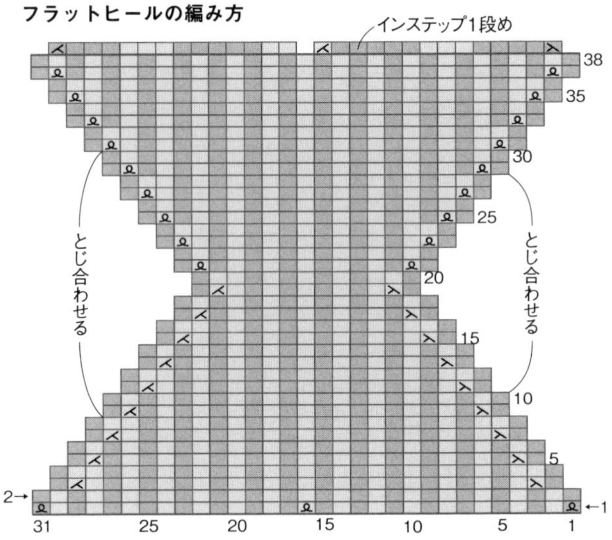

フラットトウの編み方

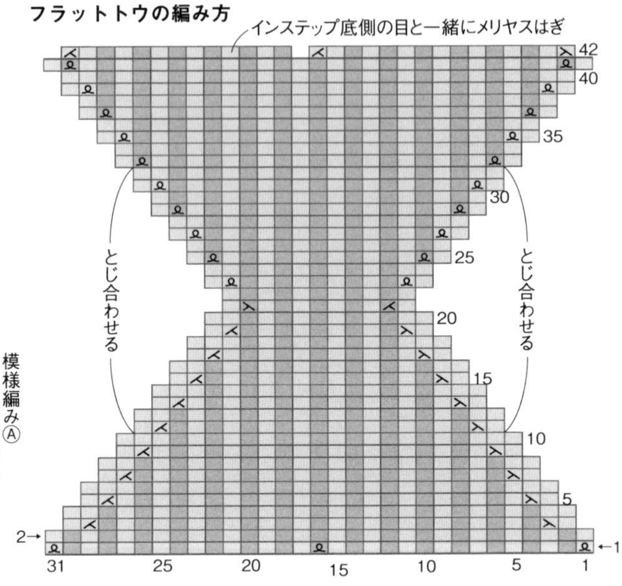

□ グラデーション　■ 黒

□ 表編み　─ 裏編み

⋋ 右上2目一度　⋌ 左上2目一度

ᘓ ねじり増し目

編み込み模様

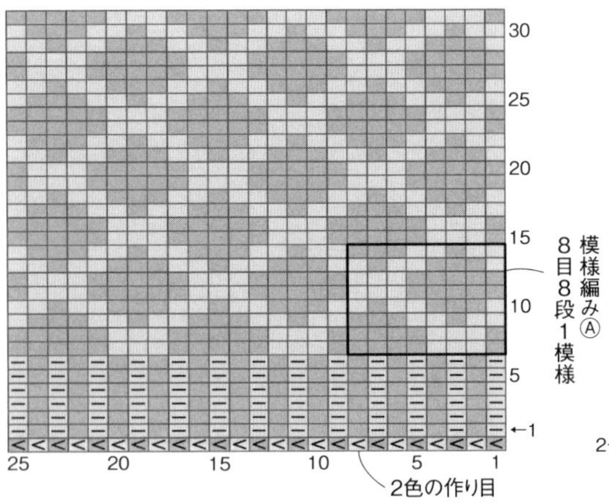

D はめ込みヒール + a ワイドトウ | Photo >>> page.55

モノトーン花柄の編み込みソックス

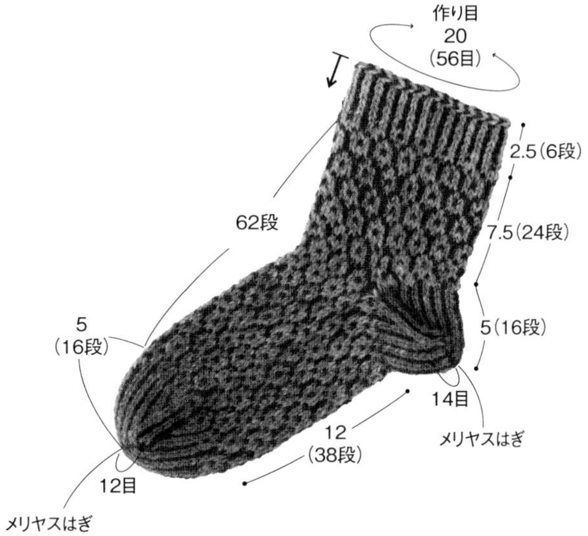

材料

オステルヨートランド　ヴィーシェ　黒（06）、
オンブレ　グレー系段染め（02）……各 40g
上記と同程度の太さの別糸……約 50cm

用具

4 号 5 本針または 4 号 60cm 輪針 2 本／
5 号かぎ針

編み方手順

［作り目］2 色の作り目で 56 目作り輪にする

1 2 色の 1 目ゴム編みでカフスを 6 段編む。
2 模様編みⒶでカフスの続きを 24 段編む。
3 甲側の 28 目を休ませ、別糸の作り目から 28 目拾って輪にし、模様編みⒶでインステップを 38 段編む。
4 ワイドトウ（→P.16）を縞柄で 16 段編む（ヒールと同じ）。
5 別糸の作り目をほどいて目を拾い、はめ込みヒール（→P.28）を縞柄で 16 段編む。

編み方ポイント

・はめ込みヒールは別糸の作り目をほどいて目を拾う際、すき間があかないようにするため下の図のように左右の甲と底の境目で 2 目ずつねじり増し目（各輪針の端から 1 目めと 2 目めの間に渡った糸を引き上げる）をし、全体で 60 目にして編みます。

編み込み模様

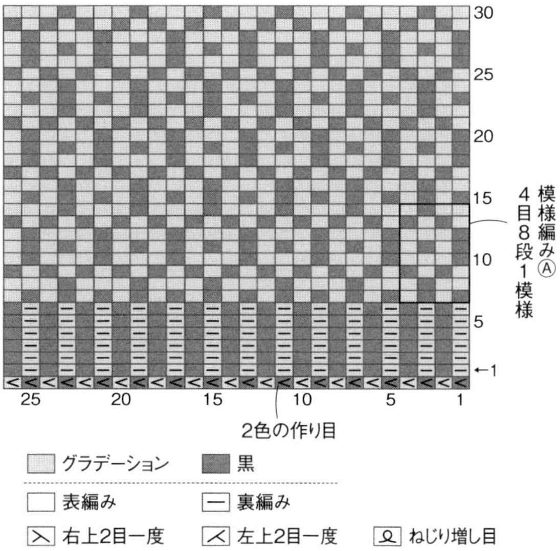

はめ込みヒールの編み方

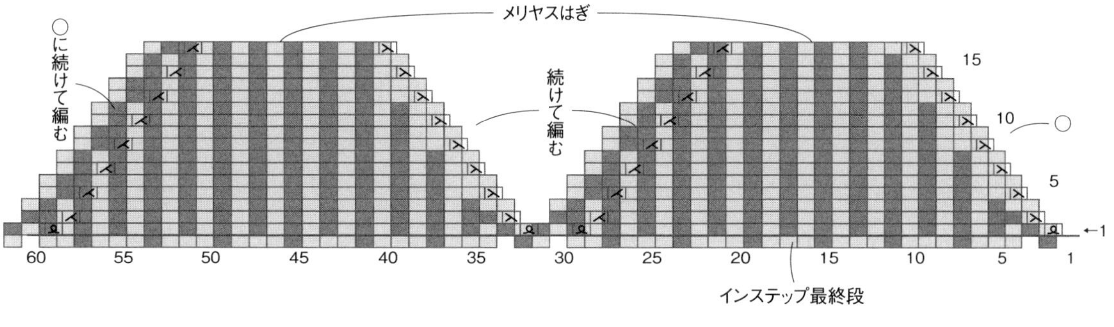

D はめ込み ヒール + **a** ワイドトウ Photo >>> page.54

セルブソックス

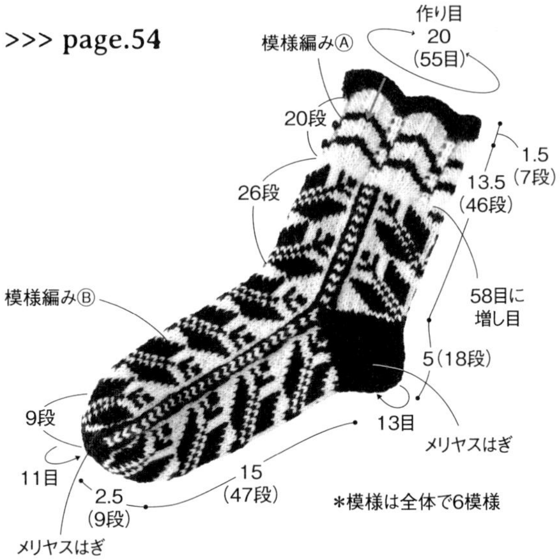

材料

パピープリンセスアニー
生成り（502）、黒（520）……各 50g
※ゲージによっては 55g になる場合もあります
上記と同程度の太さの別糸……約 50cm

用具

4 号 5 本針または 4 号 60cm 輪針 2 本／ 5 号かぎ針

編み方手順

［作り目］ かぎ針の作り目で 55 目作り輪にする（黒）

1. ガーター編みで 7 段編む。
2. 模様編みⒶでカフスの続きを 17 段編み、26 段めで 3 目増し目をし、58 目にして 28 段めから模様編みⒷを 2 模様（26 段）編む。
3. 底側にする 29 目を休め、別糸の作り目から 29 目拾って甲側の 29 目と輪にする。模様編みⒷを続けてインステップを 47 段編む。
4. 模様編みⒷを続けてワイドトウ（→P.16）を編むが、ここでは毎段減目をする。
5. 黒のメリヤス編みではめ込みヒール（→P.28）を 18 段編む。

編み方ポイント

・トウの減目では、黒が上になるように右側では右上 2 目一度、左側では左上 2 目一度を編みます。

編み込み模様

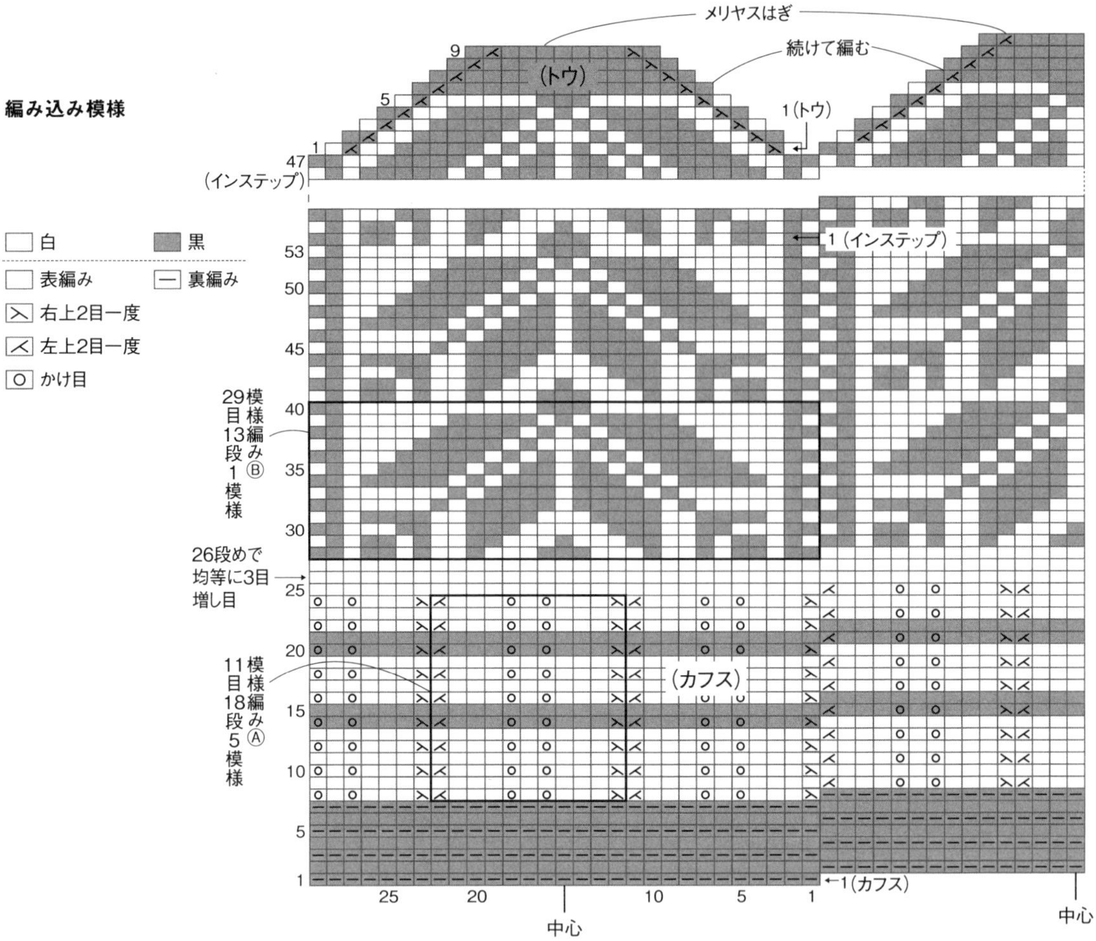

F スイスヒール ＋ **c** ポイントトウ

Photo >>> page.57

子象柄の編み込みソックス

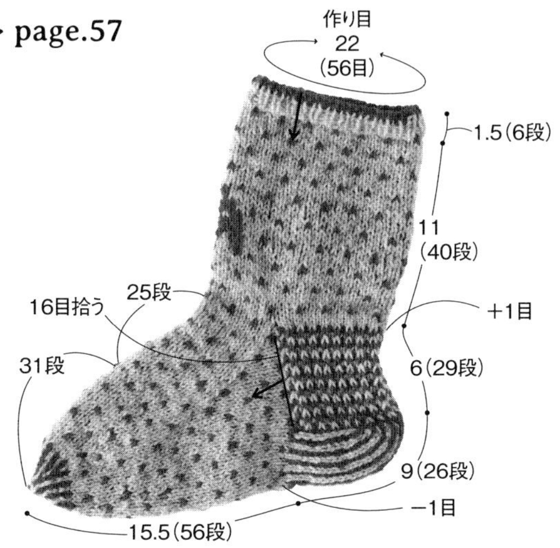

材料

てとりやモークウール A

赤（22）……25g

グレー（14）……60g

上記と同程度の太さの別糸……約 50cm

用具

3 号 5 本針または 3 号 60cm 輪針 2 本／ 4 号かぎ針

編み方手順

[作り目] かぎ針の作り目で 56 目作り輪にする（赤）

1 1 目ゴム編みを赤で 1 段、グレーで 5 段編む。

2 編み込み模様を 40 段編む。

3 甲側の 22 目を休ませ、残りの 34 目でスイスヒール（→P.32）を編む。フラット部分の 1 段めでは中央で 1 目増し目をし、35 目にして 29 段、ターンはグレーと赤の縞柄で 26 段編む。

4 マチを編む（→P.14）。編み込み柄は地模様をカフスから続けて編む。編みはじめは休ませていた甲側の 22 目、左右のフラット部分から拾った 16 目ずつ、ターンの 19 目の合計 73 目。1 段めのターンの中央で 1 目減目をして全体で 72 目とし、もとの 56 目になるまで（16 段）編む。

5 インステップを続けて 9 段編んだらポイントトウ（→P.36）を編む。

編み方ポイント

・作品ではポイントトウにしましたが、ワイドトウもおすすめです。

スイスヒール編み方

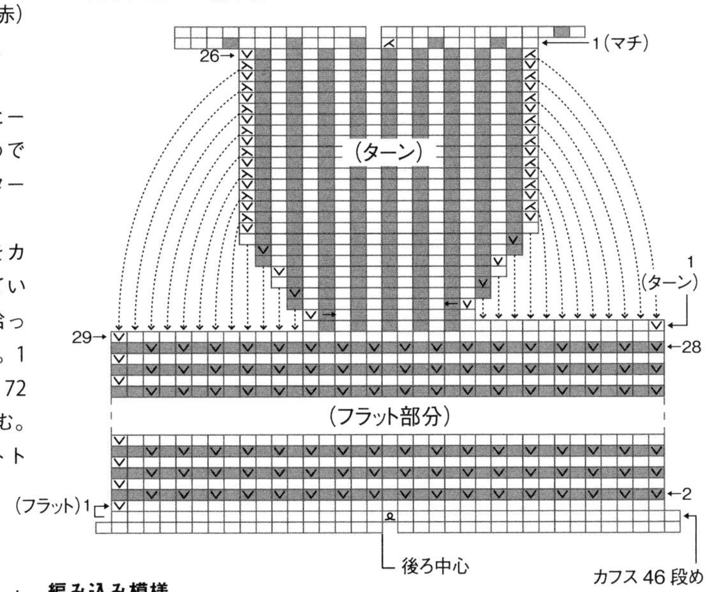

編み込み模様

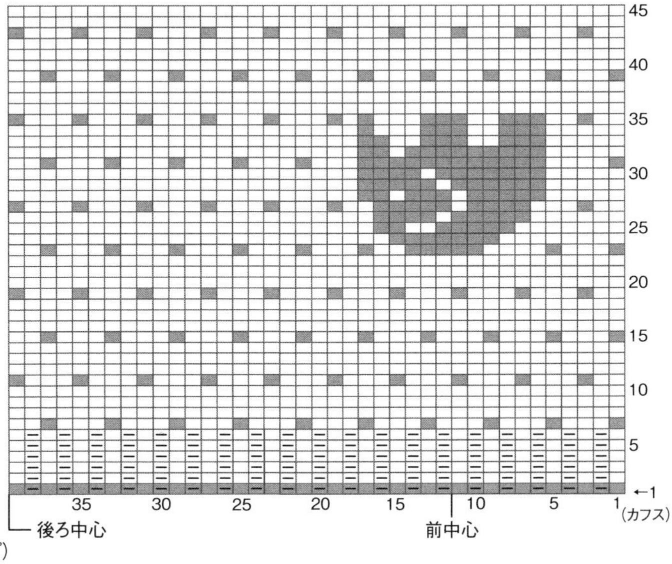

赤

グレー

表編み

裏編み

右上2目一度

左上2目一度

すべり目

トウの編み方

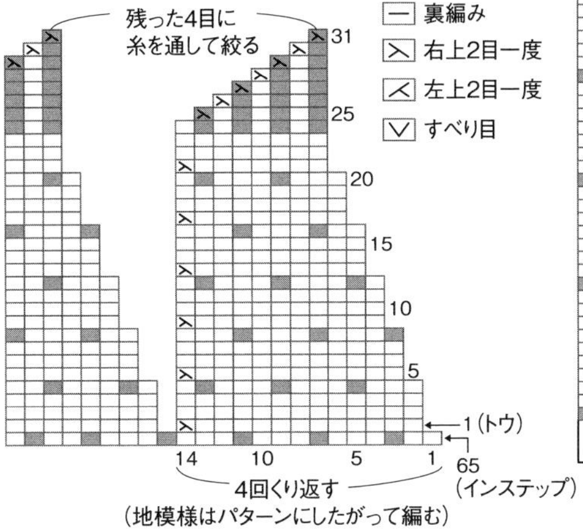

B フレンチヒール ＋ **b** フレンチトウ

Photo >>> page.56

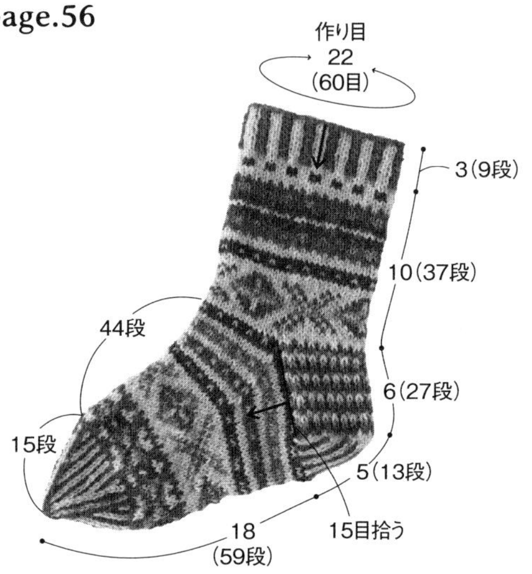

フェアアイルソックス

材料

てわりやモークウール A
＜ベージュ系／ブルー系＞※ⓔ色は共通
ⓐ色：ベージュ（5）／水色（31）……50g
ⓑ色：赤（22）／赤茶（01）……20g
ⓒ色：グリーン（19）／パープル（26）……10g
ⓓ色：パープル（26）／グリーン（19）……10g
ⓔ色：ピンク（21）……10g

用具

3 号 5 本針または 3 号 60cm 輪針 2 本／ 5 号かぎ針

編み方手順

［作り目］かぎ針の作り目で 60 目作り輪にする（ⓑ色）

1 2 色の 2 目ゴム編みを 9 段編む。
2 模様編みⒶでカフスの続きを 37 段編む。
3 30 目休ませ、残りの 30 目でフレンチヒール（→P.24）を編む。フラット部分はⓐ〜ⓒ色の順に 2 段ごとに色を替えて 27 段編む。ターンはⓐとⓑの縞柄にする。
4 ヒールのフラット部分から左右それぞれ 15 目拾い、休ませていた甲側の 30 目、ターンの残り目 16 目を合わせた合計 76 目で「基本の靴下」と同様にして、もとの 60 目になるまで（16 段）マチを編む（→P.14）。
5 インステップを 27 段編む。
6 フレンチトウ（→P.35）を編み、最後は残った目（ベージュ系は 18 目、ブルー系は 12 目）に糸を通して絞る。

編み方ポイント

・フラットヒールは段の境目が左右の内側になるように編みはじめます。
・マチでは甲側と底側で模様が少しだけ違うので要注意。また模様編みの段差が底面にくるよう、マチから段のはじまりを底中心に変えます。
・フェアアイルの編み込みは、ベースカラーの糸を上に、配色糸を下になるように構えて編むと模様がはっきりした編み地になります。

マチ編みはじめの目の拾い方

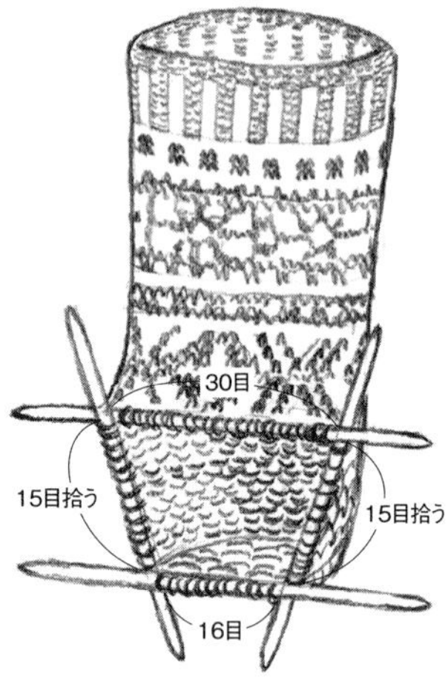

ベージュ系配色（全模様共通）
□ ベージュ　■ 赤　□ グリーン
■ パープル　◆ ピンク

ブルー系配色

模様					
ⒶⒸⒹ	水色	赤茶	グリーン	パープル	ピンク
Ⓑ	水色	赤茶	ピンク	グリーン	
Ⓔ	水色	赤茶	グリーン	ピンク	
Ⓕ	水色	赤茶	ピンク	グリーン	パープル

インステップ～トウ（トウはベージュ系）の模様編み

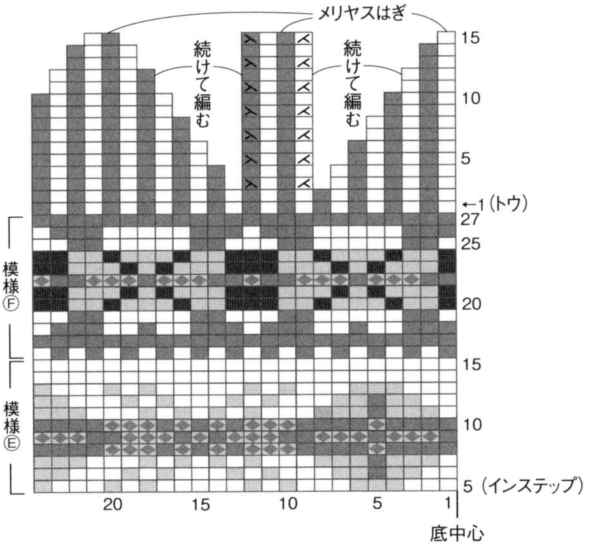

ブルー系のトウ

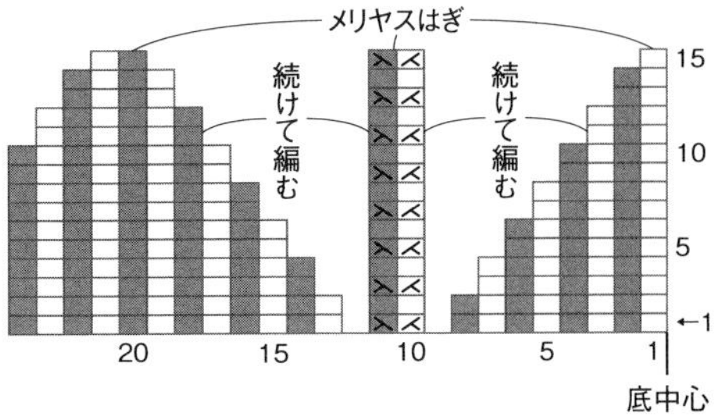

□ ■ ■ ■ ◆ 表編み

— 裏編み

右上2目一度　左上2目一度

ねじり増し目

カフス～マチ甲側の模様編み

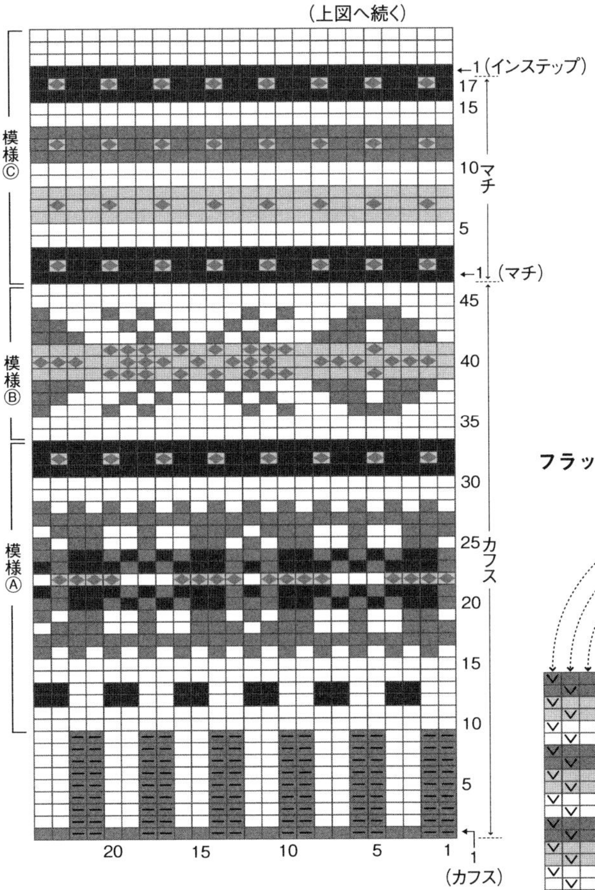

マチ底側の模様編み

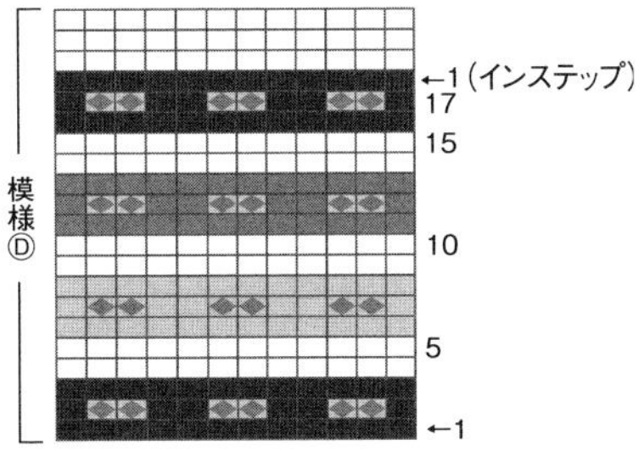

フラットヒールの編み方

□ ⓐ色　■ ⓑ色　■ ⓒ色

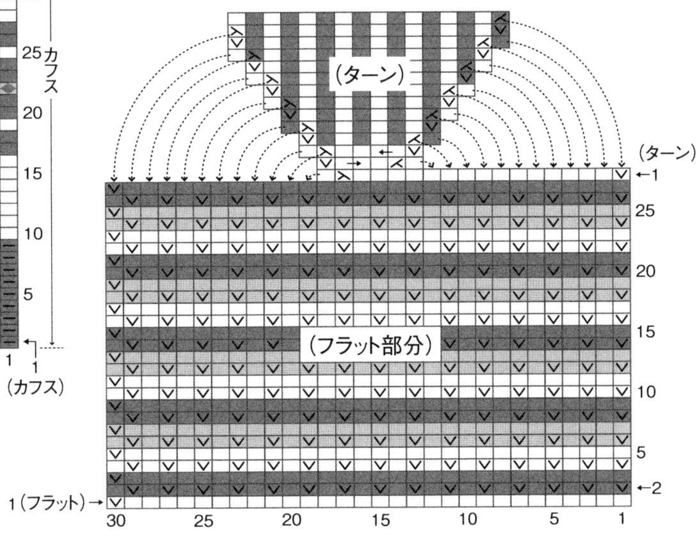

F スイスヒール ＋ **a** ワイドトウ　Photo >>> page.58

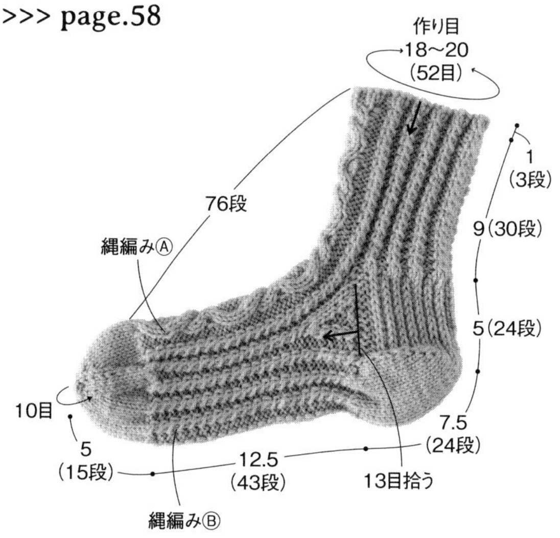

ブルーの縄編みソックス

材料

パピープリンセスアニー　水色（503）……80g

用具

4号5本針／5号かぎ針

編み方手順

［作り目］かぎ針の作り目で52目作り輪にする

1 2目ゴム編みを3段編む。

2 前中心に縄編みⒶ、それ以外は縄編みⒷでカフスを30段編む。

3 甲側を18目休ませ、残りの34目でスイスヒール（→P.32）のフラット部分を24段、ターンを24段編む。

4 フラット部分の左右からそれぞれ13目拾い、休ませていた甲側の18目、ターンの20目を合わせた合計64目で「基本の靴下」と同様に、もとの52目になるまで12段マチを編む（→P.14）。模様は縄編みⒶ、Ⓑをカフスから続けて編む。

5 縄編みⒶ、Ⓑを続けてインステップを31段編む。

6 ワイドトウ（→P.16）をメリヤス編みで15段編む。

編み方ポイント

・マチの1段めでは、「マチの編みはじめ」図のようにフラット部分の左右から拾った13目の1目ずつを底側（ターン）の針に移してから編みます。

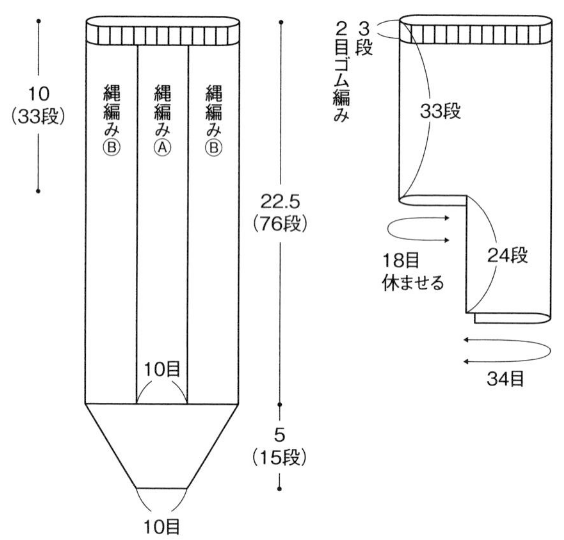

マチの編みはじめ

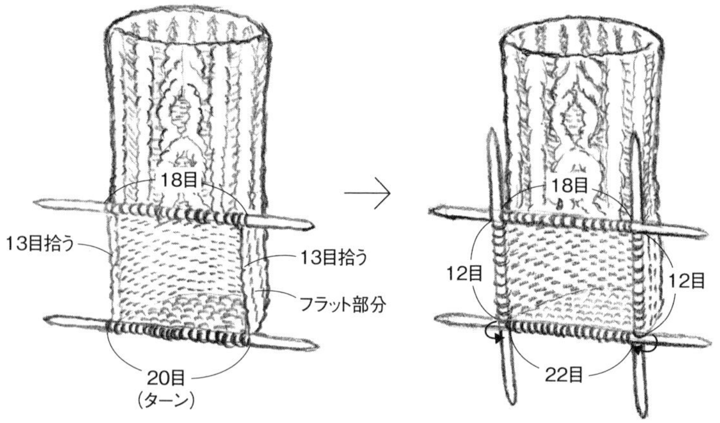

フラット部分から拾った目のターン側の1目をターン側の針に移す。

マチ～トウの編み方

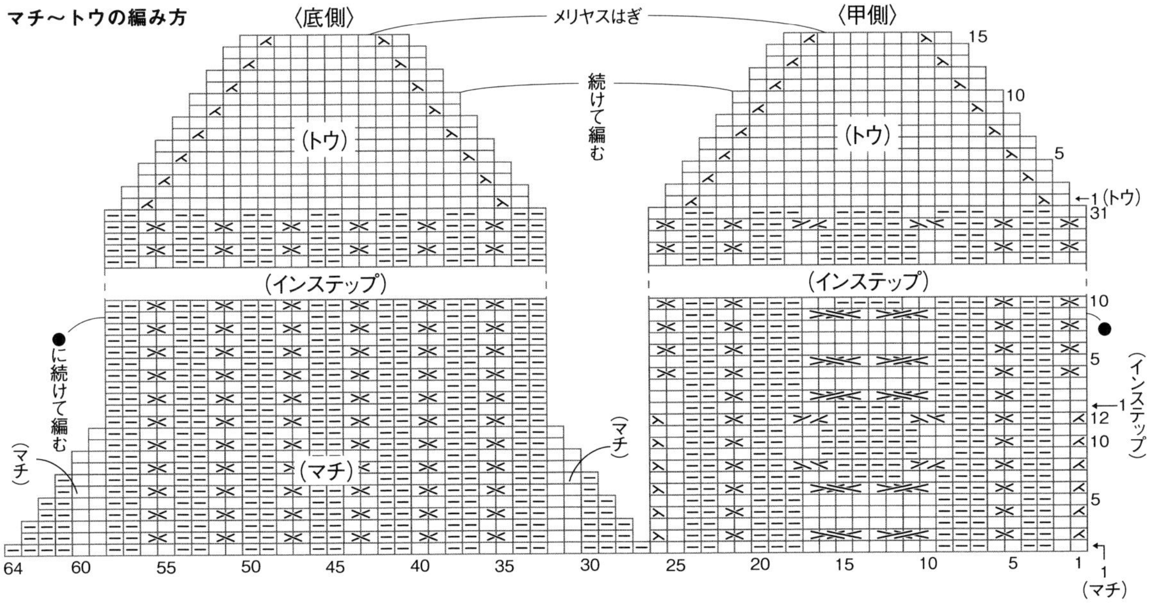
〈底側〉
メリヤスはぎ
〈甲側〉
続けて編む
(トウ)
(トウ)
(インステップ)
(インステップ)
●に続けて編む
(マチ)
(マチ)
(マチ)
1(トウ)
31
15
10
5
12
1
1(マチ)
64 60 55 50 45 40 35 30 25 20 15 10 5 1

スイスヒールの編み方

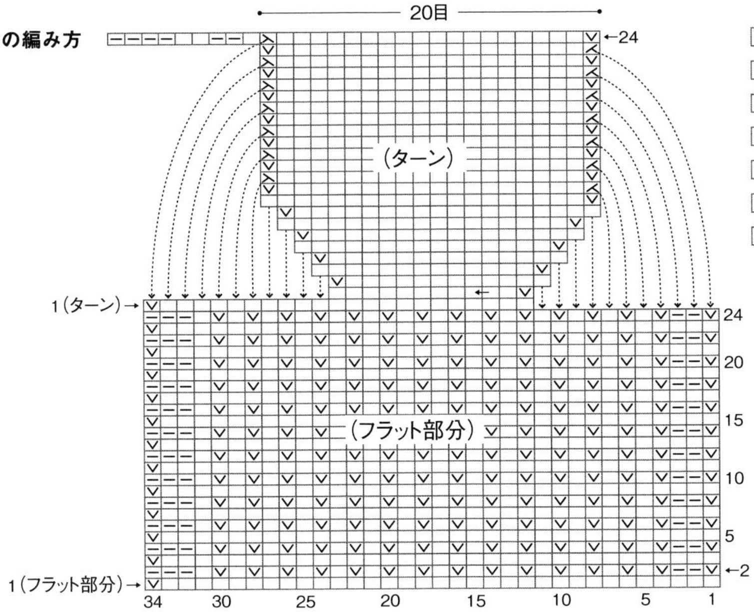
20目
24
(ターン)
1(ターン)
(フラット部分)
1(フラット部分)
24
20
15
10
5
2
34 30 25 20 15 10 5 1

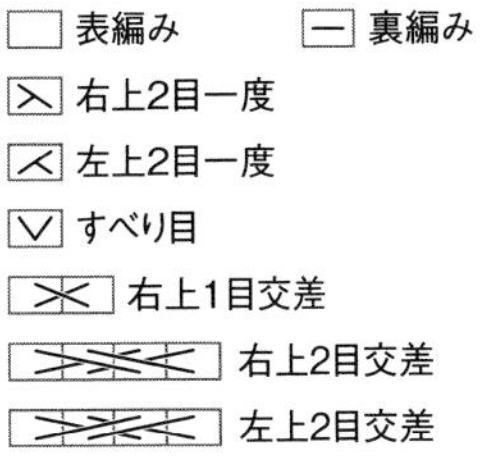
表編み
裏編み
右上2目一度
左上2目一度
すべり目
右上1目交差
右上2目交差
左上2目交差

カフスの編み方

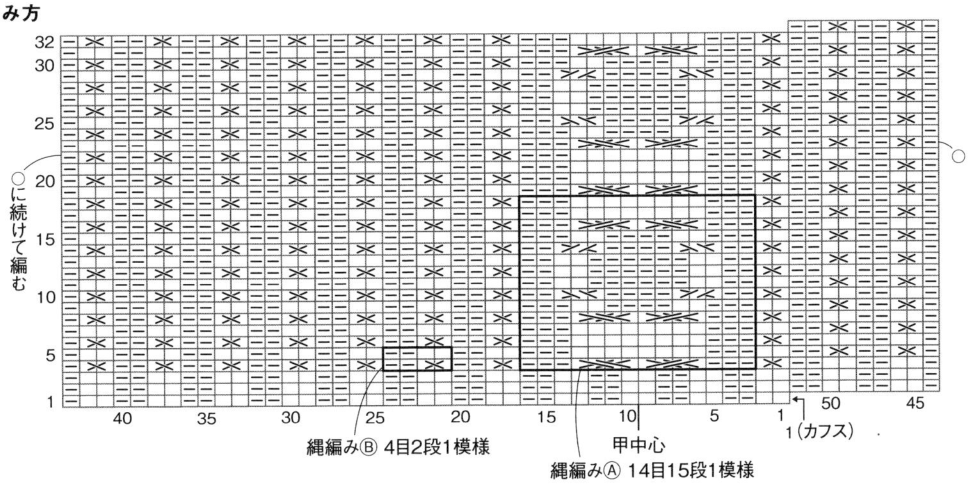
○に続けて編む
○
32
30
25
20
15
10
5
1
40 35 30 25 20 15 10 5 1 50 45
1(カフス)
甲中心
縄編みⒷ 4目2段1模様
縄編みⒶ 14目15段1模様

F スイスヒール ＋ a ワイドトウ　Photo >>> page.58

赤のレース模様ソックス

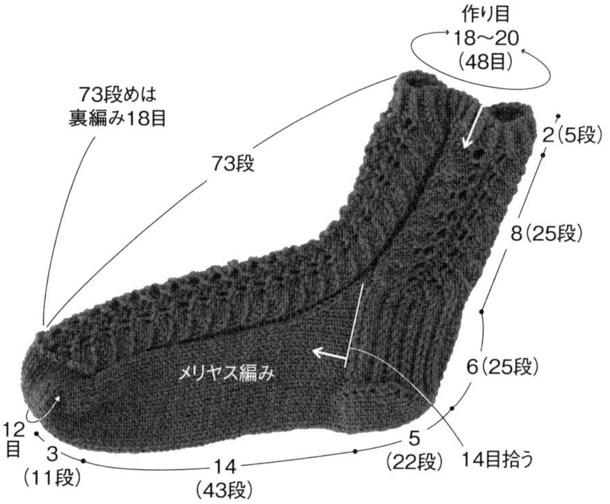

材料

ZARA メリノ　赤（1927）……90g

用具

4 号 5 本針または 4 号 60㎝輪針 2 本／ 5 号かぎ針

編み方手順

［作り目］ かぎ針の作り目で 48 目作り輪にする

1 1 目ゴム編みを 5 段編み、6 段めから前中心に模様の中央を合わせたレース模様でカフスを 25 段編む。

2 甲側を 18 目休ませ、残りの 30 目でスイスヒール（→P.32）のフラット部分を 25 段、ターンを 22 段編む。

3 フラット部分の左右からそれぞれ 14 目拾い、休ませていた甲側の 18 目、ターンの 14 目を合わせた合計 62 目で「基本の靴下」と同様にマチを 14 段編む（→P.14）。前中心のレース模様 18 目はカフスから続けて編み、残りはメリヤス編みにする。

4 マチが編めたら前中心 18 目はレース模様、残りはメリヤス編みでインステップを 29 段編む。インステップ最終段の前中心 18 目は裏編みにする。

5 ワイドトウ（→P.16）を 11 段編み、先はメリヤスはぎにする。

編み方ポイント

・ヒールのタイプはスイスヒールですが、フラット部分の編み地はボックスヒール（→P.12）と同じく厚地に仕上がるすべり目の模様編みになっています。

レース模様

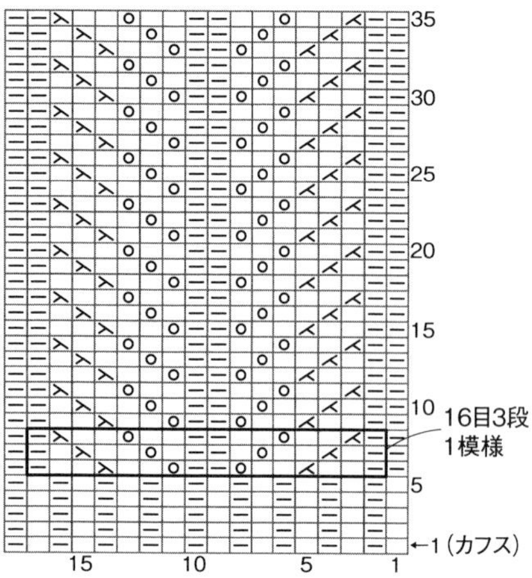

スイスヒールの編み方

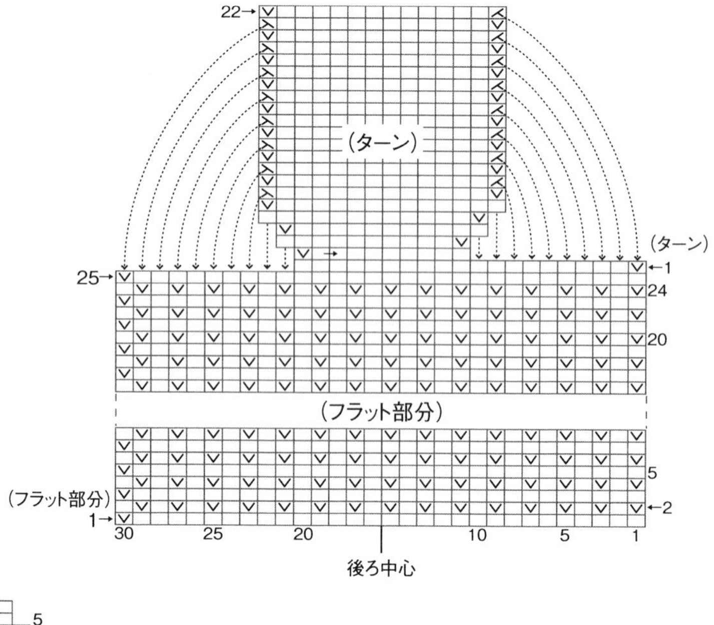

ワイドトウの編み方

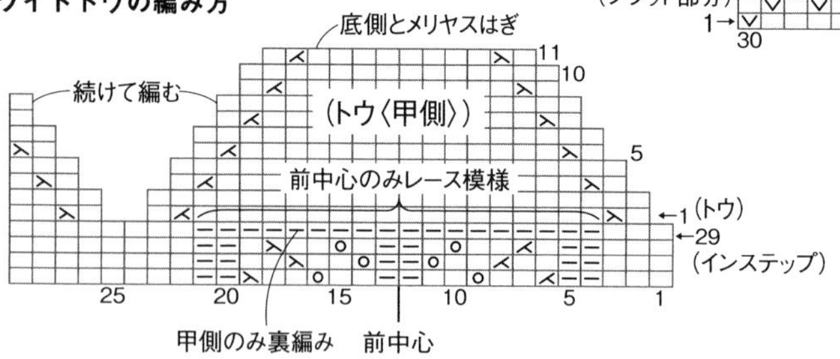

□ 表編み　⊟ 裏編み
⋋ 右上2目一度　⋌ 左上2目一度
○ かけ目　∨ すべり目

B フレンチヒール ＋ **a** ワイドトウ

Photo >>> page.59

白の縄編みソックス

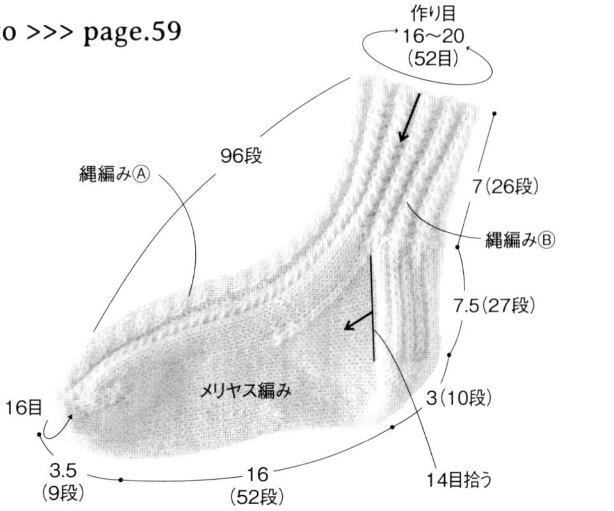

材料

ハマナカフェアレディ 50　白（No.2）……90g

用具

4 号 5 本針／ 5 号かぎ針

編み方手順

［作り目］かぎ針の作り目で 52 目作る

1. 2 目ゴム編みを 1 段編み、2 段めからは前中心は縄編みⒶ、それ以外は縄編みⒷでカフスを 25 段編む。
2. 甲側を 26 目休ませ、残りの 26 目でフレンチヒール（→P.24）を編む。フラット部分は 27 段、ターンはメリヤス編みで 10 段編み、最後は 16 目になる。
3. フラット部分の左右からそれぞれ 14 目拾い、休ませていた甲側の 26 目、ターンの 16 目を合わせた合計 70 目で「基本の靴下」と同様にもとの 52 目になるまで 18 段マチを編む（→P.14）。模様は縄編みⒶ（18 目）はカフスから続けて、残りはメリヤス編みで編む。
4. マチから縄編みⒶとメリヤス編みを続けてインステップを 52 段を編む。
5. ワイドトウ（→P.16）を 9 段編む。

編み方ポイント

・トウ部分も縄編み模様を続けて編みます。

ワイドトウの編み方

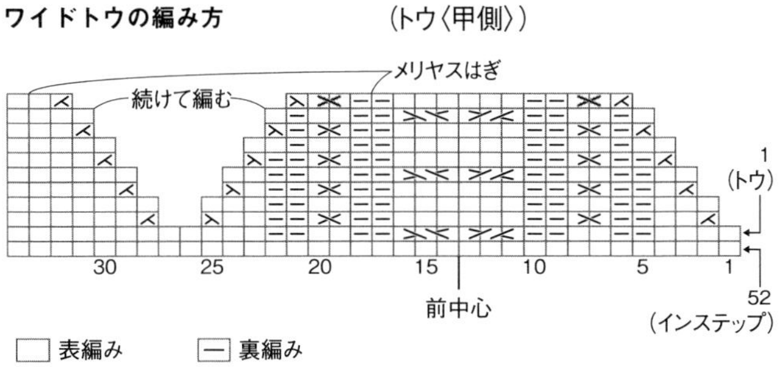

□ 表編み　⊟ 裏編み

右上2目一度　左上2目一度　すべり目

右上1目交差　右上2目交差

左上2目交差

フレンチヒールの編み方

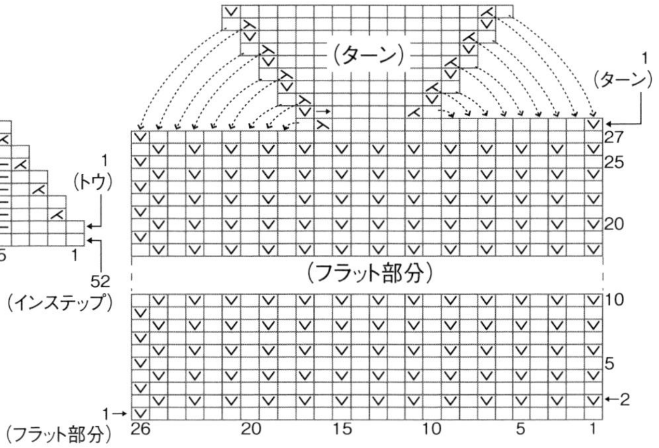

カフスの編み方

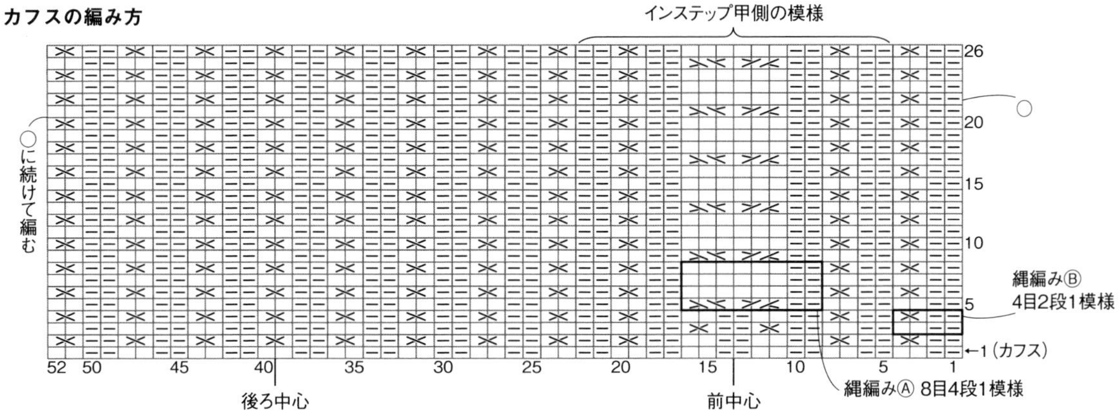

C フラットヒール + d フラットトウ

Photo >>> page.59

木の葉レース模様のソックス

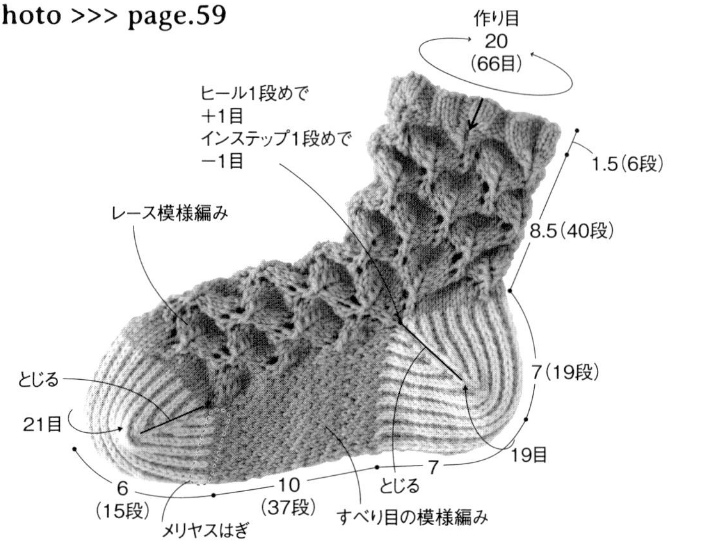

材料

パピープリンセスアニー
オリーブグリーン（536）……90g
生成り（502）……10g

用具

4号5本針または4号60cm輪針2本／5号かぎ針

編み方手順

［作り目］かぎ針の作り目で66目作り輪にする（グリーン）

1. 3目ゴム編みを6段編む。
2. レース模様編みを40段編む。
3. 甲側を33目休ませ、残りの33目でフラットヒール（→P.26）を38段編む。
4. インステップを37段編む。インステップからレース模様は甲側33目（3模様）とし、底側33目はすべり目の模様編みをする。
5. 底側の33目を休ませ､フラットトウ（→P.37）を26段編み、底側でメリヤスはぎをする。
6. ヒールとトウの両脇をとじ合わせる。

編み方ポイント

・ヒールとトウの減らし目をする際は、両端の1目内側が生成りになるよう、白の目を上にして2目一度をします。
・ヒールの編みはじめに左右の端で渡り糸を引き上げて1目ずつ増し目をして35目とし、増やした2目は甲と一緒にするときに減目をし33目に。

フラットヒールの編み方

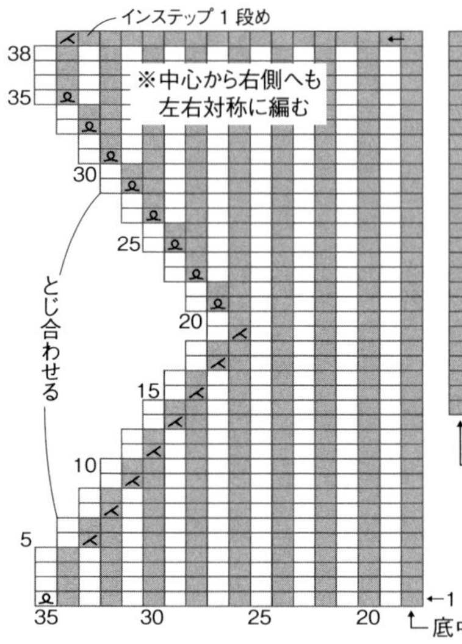

フラットトウの編み方

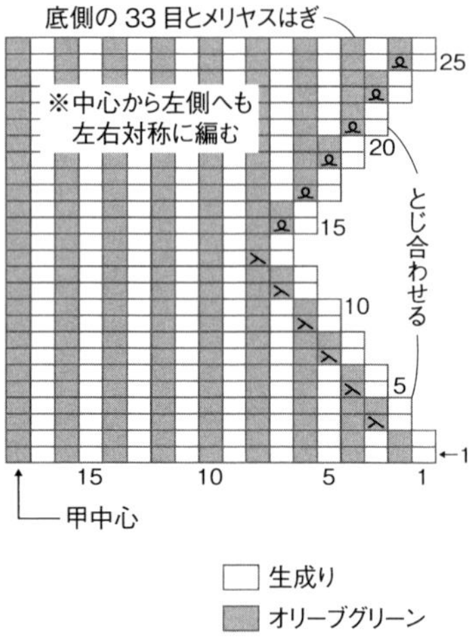

レース模様編み（1模様分）の編み方

❶左上2目一度→3目表編み→かけ目→1目から2目編み出す→かけ目→3目表編み→右上2目一度
❷左上2目一度→8目表編み→右上2目一度
❸左上2目一度→1目表編み→かけ目→4目表編み→かけ目→1目表編み→右上2目一度
❹左上2目一度→6目表編み→右上2目一度
❺段のはじめで左針の1目を右針に移す（★）→かけ目→6目表編み→かけ目→右上2目一度
❻段の右針最後の1目を左針に移す（☆）→9目表編み
❼1目表編み→かけ目→8目表編み→かけ目
❽11目表編み
❾1目から2目編み出す→かけ目→3目表編み→右上2目一度→左上2目一度→3目表編み→かけ目
❿5目表編み→右上2目一度→左上2目一度→3目表編み
⓫3目表編み→かけ目→1目表編み→右上2目一度→左上2目一度→1目表編み→かけ目→1目表編み
⓬4目表編み→右上2目一度→左上2目一度→2目表編み
⓭4目表編み→かけ目→右上2目一度→かけ目→2目表編み
⓮9目表編み
⓯5目表編み→かけ目→1目表編み→かけ目→3目表編み
⓰11目表編み
⓱段のはじめで左針の1目を右針に移す（♥）→1段めと同じ編み方
※18段めからは2～17段めをくり返す

レース模様編み

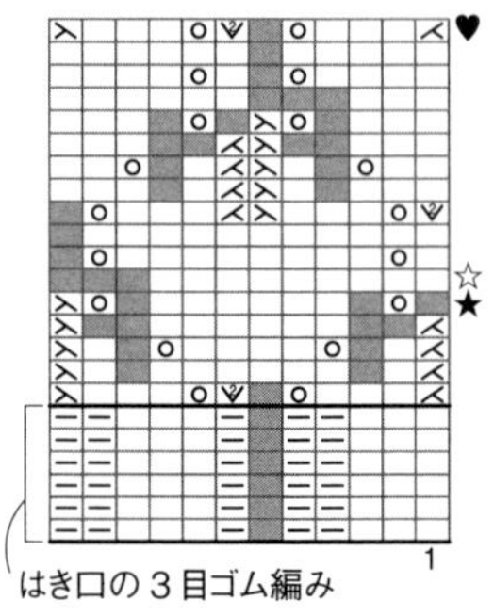

すべり目の模様編み（インステップ底側）

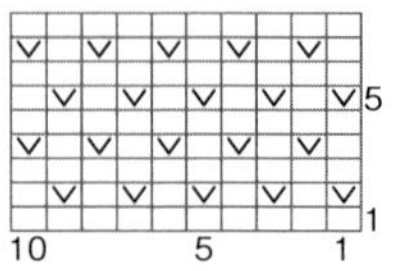

□ オリーブグリーン
■ 実際にはない目

□ 表編み　─ 裏編み
右上2目一度　左上2目一度
○ かけ目　すべり目
1目から2目編み出す

の編み方

左針の目に右針を手前から差し込んで表編み、左針の目はそのままにして左針の目の後ろ側ループに右針を差し込んで表編みをしたら、左針の目を針からはずす。

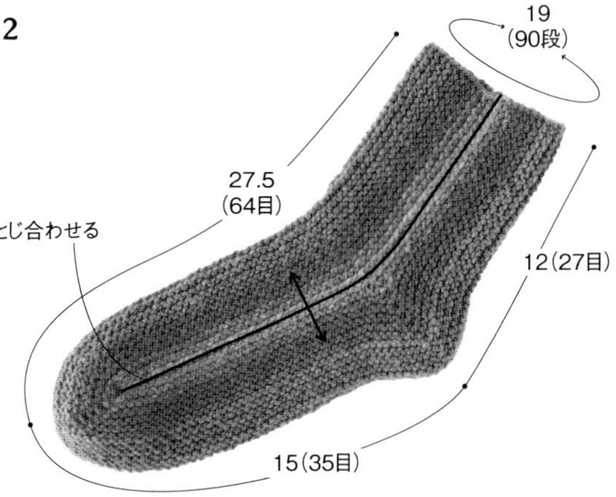

ガーターソックス

材料

オステルヨートランド
キャラメル（01）……80g

用具

4号60㎝または80㎝輪針／5号かぎ針

編み方手順

［作り目］編んで作る作り目で128目作る

1. 奇数段、偶数段ともに表編みをしてガーター編みで編む。図の●と▲の位置で2段ごとに(偶数段で)2目増し目（1目から3目編み出す）をして14段めまで編む。
2. 15段〜31段は156目のまま17段平らに編む。
3. 32段めからは図の○と△の位置で2段ごとに（偶数段で）3目一度をして45段めまで編む。
4. 全体を裏（偶数段側）が内側になるように二つ折りにし、端を引き抜きとじにする。
5. 全体を表に返せばできあがり。

編み方ポイント

・●と▲、○と△の位置がずれないように気をつけて編みましょう。
・引き抜きとじはフラットトウ（→P.37）の要領でとじ合わせます。

つま先とかかとの編み方

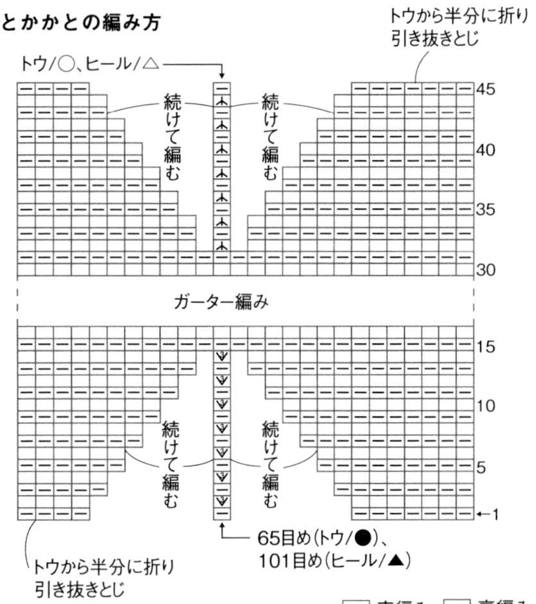

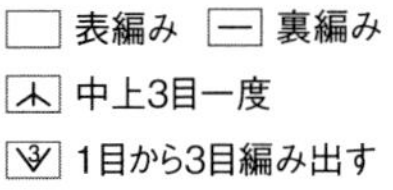

全体の編み方

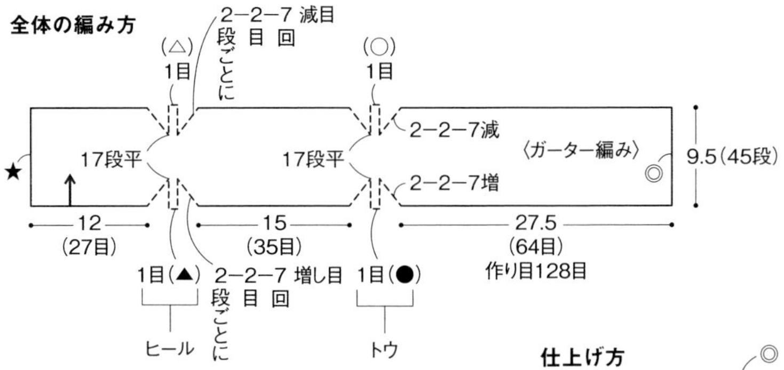

の編み方（1目から3目編み出す）

左針の目に右針を手前から差し込んで表編み、左針の目はそのままにして左針の目の後ろ側ループに右針を差し込んで表編み、左針の目にもう一度手前から針を差し込んで表編みをしたら、左針の目を針からはずす。

仕上げ方

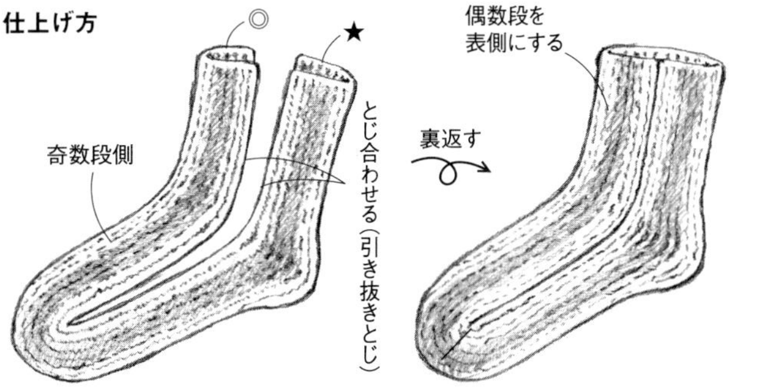

A	ボックス ヒール	+	C	ポイント トウ	Photo >>> page.61

トリコロールのキヒノヴィッツソックス

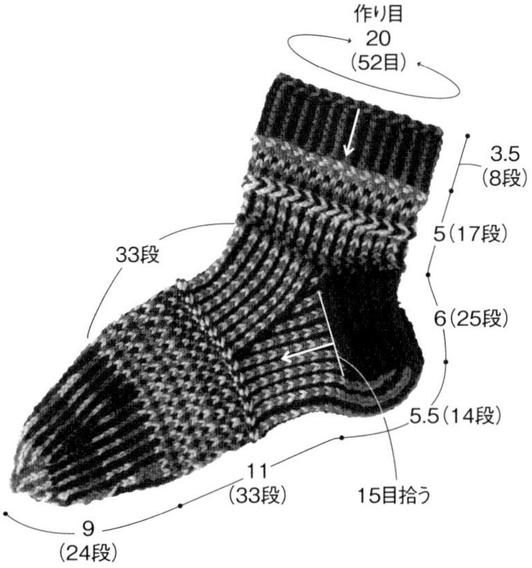

材料
ZARA メリノ
赤（1927）、グレー（27）、紺（1424）……各 40g

用具
4 号 5 本針または 4 号 60㎝輪針 2 本

編み方手順
［作り目］2 色の作り目で 52 目作る（赤×紺）

1 赤（裏編み）と紺（表編み）で 2 色の 1 目ゴム編みを 8 段編む。
2 編み図にしたがって編み込みをしながらカフスを 25 段めまで編む。10 段めと 25 段めはキヒノヴィッツ、17 段めと 18 段めでダブルキヒノヴィッツを編む。
3 甲側の 26 目を休ませ、残りの 26 目でボックスヒール（→P.12）のフラット部分を紺で 25 段編む。
4 マチを編む。甲側 26 目とフラット部分からはそれぞれ 15 目ずつ拾い、ターン部分の残った 12 目を合わせた 68 目でもとの 52 目になるまで（16 段）編む（→P.14）。編み込み模様はカフスから続けて編む。
5 マチから続けて編み込み模様を編みながら、インステップを 17 段編む。3 段めはキヒノヴィッツで編む。
6 最後の 24 段でポイントトウ（→P.36）を編む。

編み方ポイント
・編み込み模様は、糸を構えるとき目立たせたい色の糸を下から渡して編むと模様がきれいに出ます。
・キヒノヴィッツの編み方は図を参照してください。

キヒノヴィッツの編み方

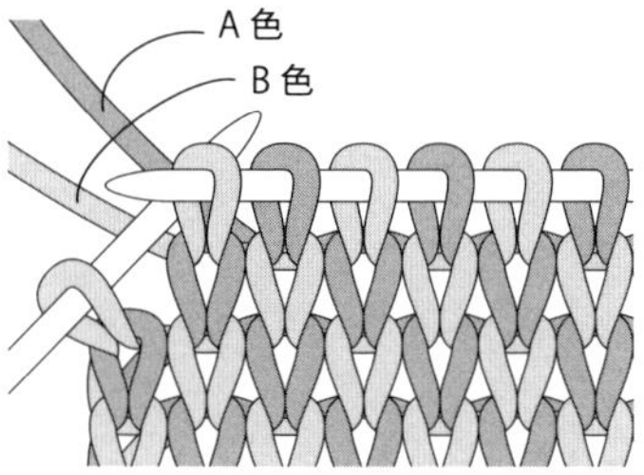

❶キヒノヴィッツの前の段では、2 色で交互に表編みをする。

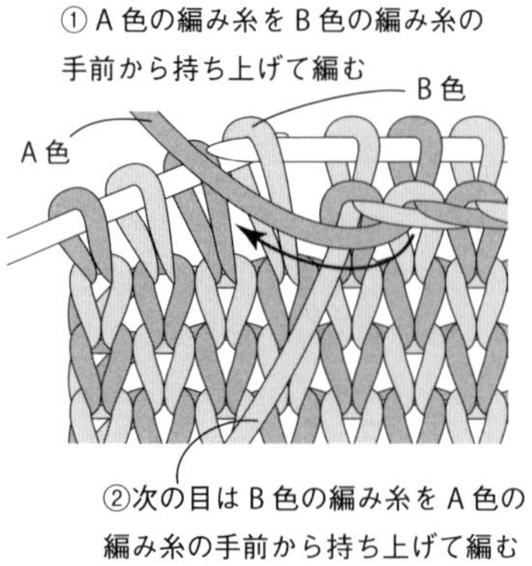

❷キヒノヴィッツの段では編み糸を 2 本とも手前に出しておき、前段の目の色と違うほうの色の糸で交互に裏編みをする。このとき編む糸はつねにもう 1 本の糸の手前から持ち上げるようにして編む（図の①～②をくり返す）。

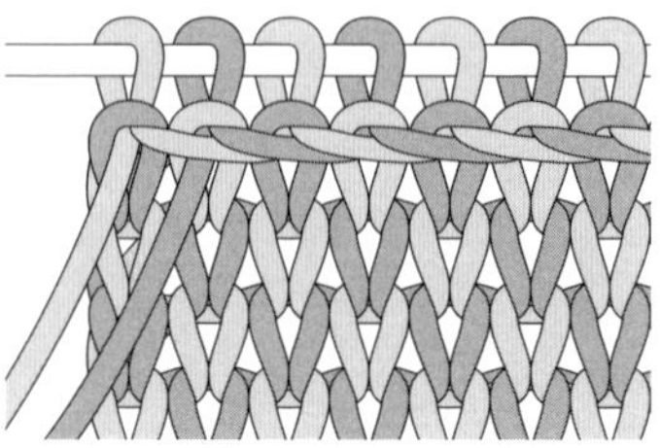

❸くさり編みを横に連ねたようなキヒノヴィッツの編み目ができる。

ボックスヒールの編み方

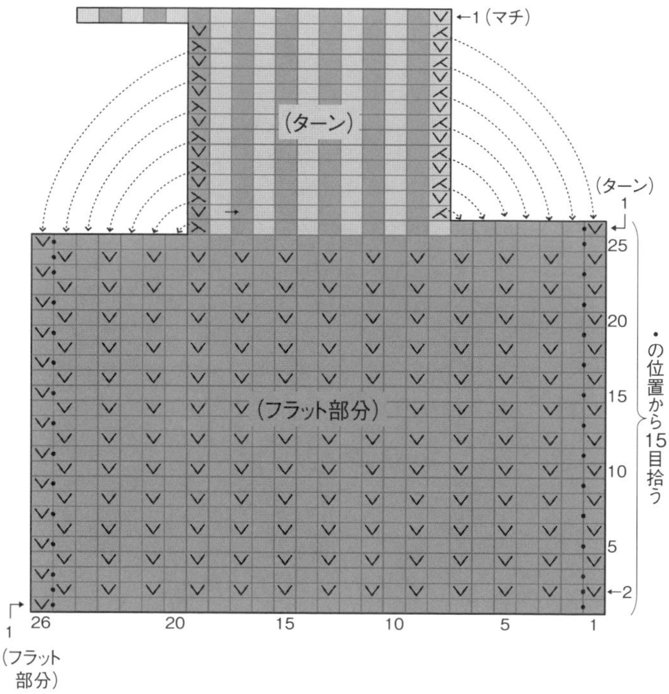

■ 紺　■ 赤　□ グレー

□ 表編み　☑ すべり目

右上2目一度　左上2目一度

★キヒノヴィッツを編む段

☆ダブルキヒノヴィッツを編む段

★ダブルキヒノヴィッツの編み方

キヒノヴィッツを２段続けて編みますが、毎段針にかかった目と同じ色の糸で編みます。１段めはキヒノヴィッツの❷と同様に編み糸を持ち上げて編み、２段めは１段めとは逆に、もう１本の糸の下をくぐらせるようにして持ち上げて編みます（前段とくさりの目の向きが逆になる）。

模様編みの編み方

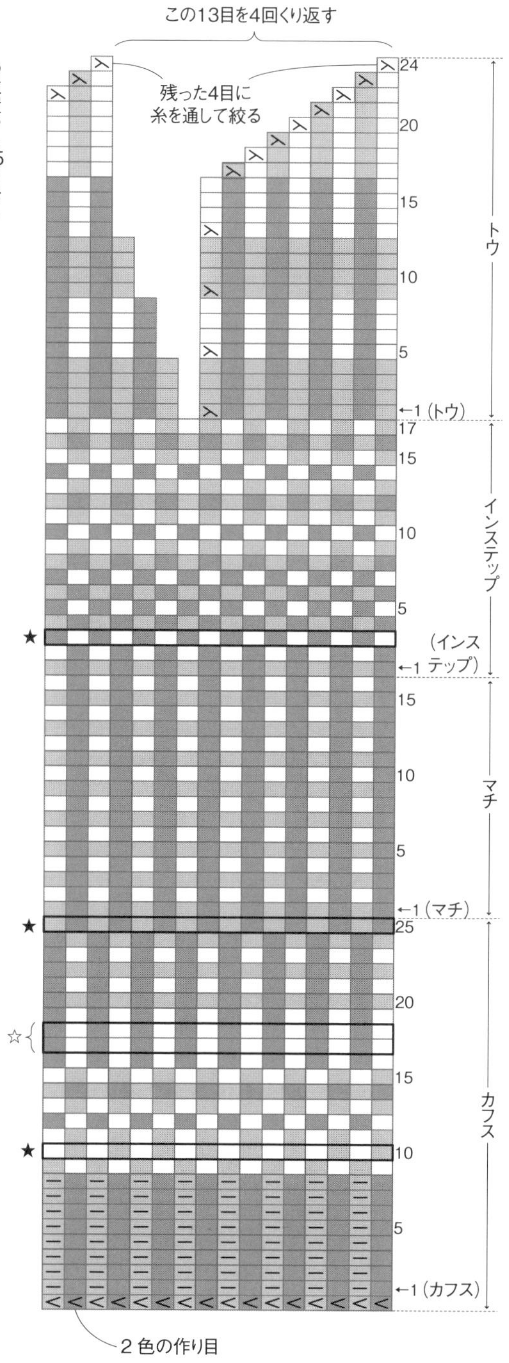

A ボックスヒール ＋ **c** ポイントトウ Photo >>> page.60

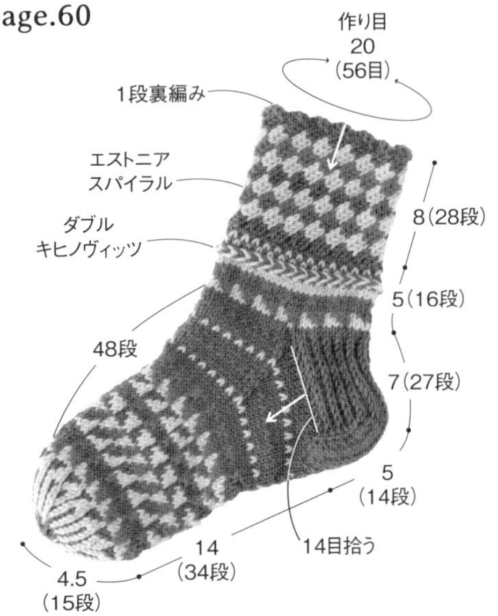

エストニアスパイラルソックスA

材料

ZARA メリノ
赤（1927）、オレンジ（1892）……各 30g
モスグリーン（1745）……60g

用具

4 号 5 本針または 4 号 60㎝輪針 2 本／ 5 号かぎ針

編み方手順

[作り目] かぎ針の作り目で 56 目作り輪にする（モスグリーン）

1. 1 段めはモスグリーンで裏編みをし、2 段めからは 3 段ごとにモスグリーン、オレンジ、赤の順で糸の色を変えながらエストニアスパイラルを 27 段編む。
2. 29 ～ 44 段めは編み込みでカフスの続きを編む。34 段めと 35 段めはダブルキヒノヴィッツ（→P.80）で編む。
3. 甲側の 28 目を休ませ、ボックスヒール（→P.12）のフラット部分を 27 段編む。モスグリーン 8 段、赤 2 段を 2 回くり返し、残り 7 段をモスグリーンで編む。ターンはモスグリーンと赤の縞柄で 14 段編む。
4. マチを編む（→P.14）。甲側から 28 目、フラット部分から左右 14 目ずつ、ターンから 14 目を拾い 70 目で編みはじめ、もとの 56 目になるまで（14 段）編む（編み込み柄は模様編み図を参照）。
5. インステップを模様編みでエストニアスパイラルから 64 段まで（34 段）編む。
6. トウは最後の 15 段で毎段 4 カ所で右上 2 目一度をし、残った 4 目に糸を通して絞って仕上げる。

ボックスヒールの編み方

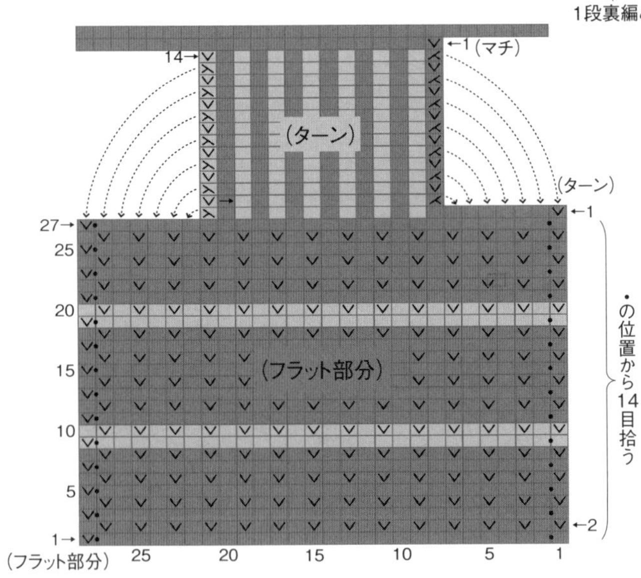

エストニアスパイラル

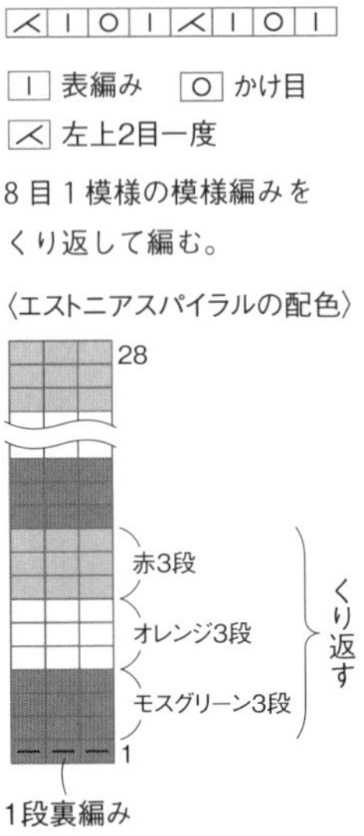

カフス～トウの模様編み

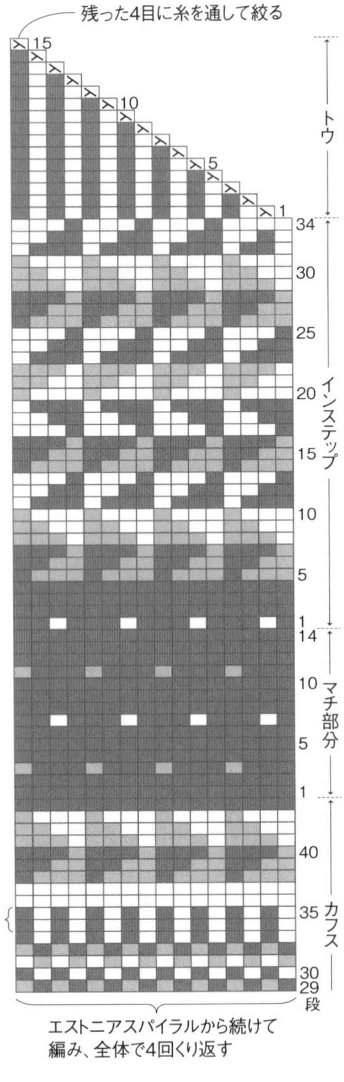

D はめ込みヒール ＋ **a** ワイドトウ

Photo >>> page.60

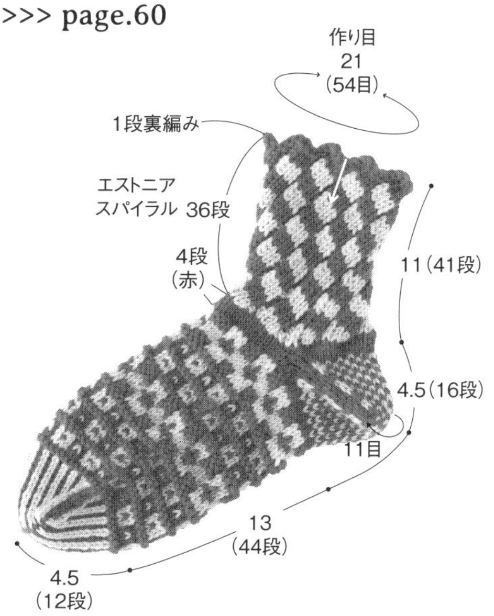

エストニアスパイラルソックスB

材料

パピープリンセスアニー

赤（532）……50g

黄緑（536）、水色（534）……各20g

上記と同程度の太さの別糸……50㎝程度

用具

4号60㎝輪針2本／5号かぎ針

編み方手順

［作り目］かぎ針の作り目で54目作り輪にする（赤）

1 1段めは赤で裏編みをし、2段めからは3段ごとに赤、水色、赤、黄緑の順で糸の色を変えながらエストニアスパイラルを36段編む。

2 赤で表編みを4段編む。

3 かかと側の27目を休ませ、別糸で作り目をして27目拾い、図を参照しインステップを44段編む。

4 ワイドトウ（→P.16）を縞柄で12段編み、残った目（30目）は15目ずつに分け赤でメリヤスはぎ。

5 別糸をほどいてはめ込みヒール（→P.28）を編み、残った22目は11目ずつに分け赤でメリヤスはぎ。

編み方ポイント

・エストニアスパイラルは下記のバリエーション柄にするとひと味違った雰囲気になります。

・ヒールの柄とトウの柄を同じ模様にしても。

エストニアスパイラル

6目1模様の模様編みをくり返して編む。

★エストニアスパイラルのバリエーション

｜ 表編み　○ かけ目

⋌ 左上2目一度

はめ込みヒールの模様編み

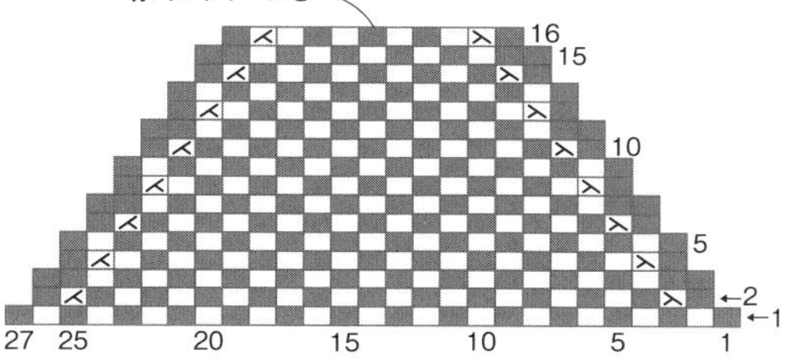

インステップ～トウの模様編み

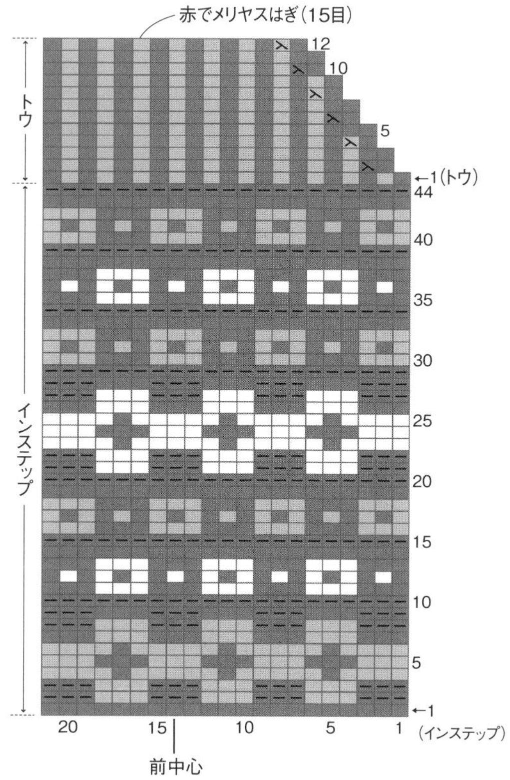

■ 赤　▨ 水色　□ 黄緑

□ 表編み

V すべり目　− 裏編み

○ かけ目

⋋ 右上2目一度

⋌ 左上2目一度

f　トウから編む靴下　Photo >>> page.63

トウアップの段染めソックスA

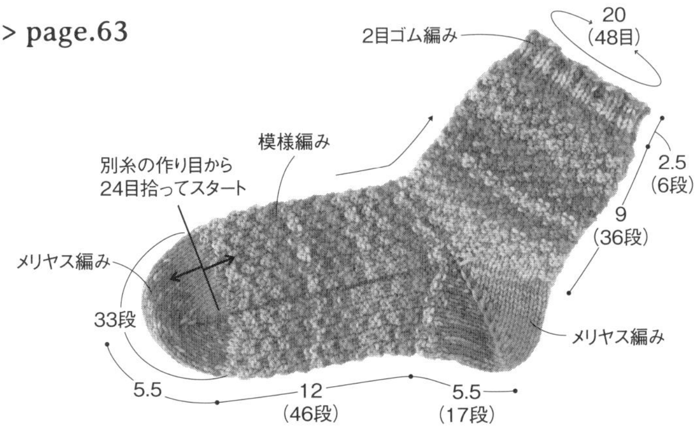

材料

Naska Premier エブリデイカラフル
赤系段染め（314）……90g
上記と同程度の太さの別糸……50㎝程度

用具

4号60㎝輪針2本／5号かぎ針

編み方手順

［作り目］別糸で30目くさり編みをし24目拾う

1 ショートロウヒール（→P.30）と同様にトウを編む。
2 別糸の作り目をほどいて24目を2本めの輪針にとり、輪針2本を使って模様編みでインステップを46段編む。
3 甲側の24目を休ませ、ショートロウヒールを35段編む。
4 休ませていた24目と再び輪にし、模様編みでカフスを36段編む。
5 2目ゴム編みを6段編み、伏せ止めする。

編み方ポイント

・別糸の作り目のくさり編みは、多めに編んだほうがほどいて目をとるときにとりやすくなります。
・ショートロウヒールは、最初に底側の24目の両端で1目ずつ増し目をし、8目になるまでショートロウをしながら編み、穴消し処理とショートロウをしながら24目になったところで最初の増し目と24目の両端の目を2目一度して全体で48目にします。

カフスの編みはじめ

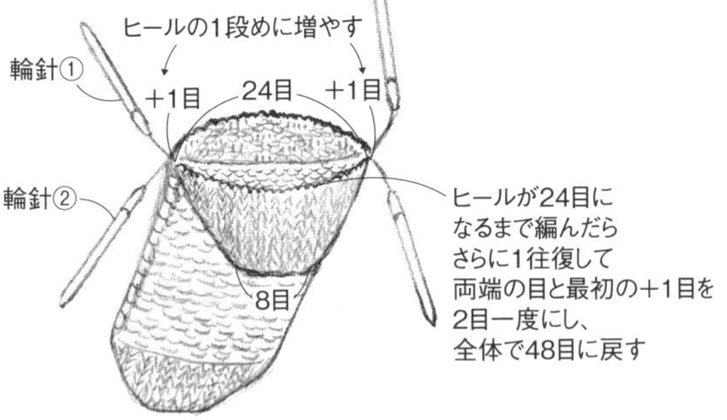

模様編み

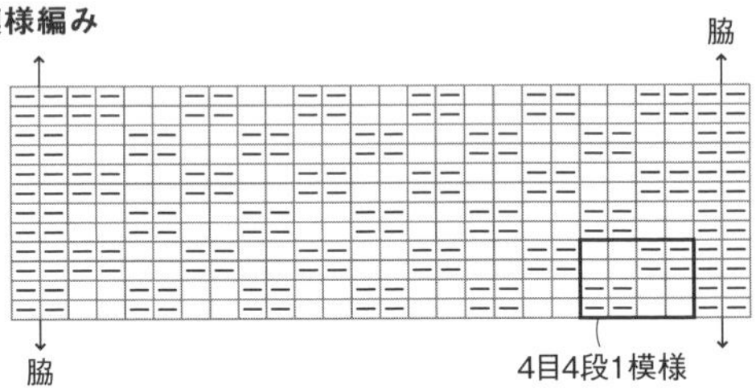

□ 表編み　— 裏編み　★ 表編みの穴消し処理
右上2目一度　左上2目一度　☆ 裏編みの穴消し処理
ねじり増し目　すべり目
表編みのショートロウ（P.30▲）　裏編みのショートロウ（P.31△）

ショートロウの編み方

＜トウ＞

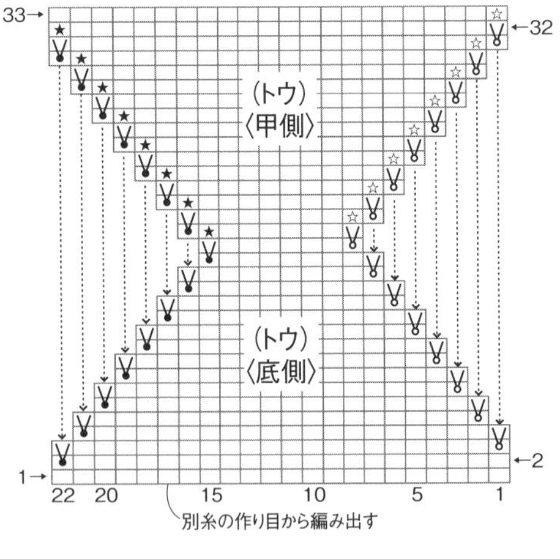

＜ヒール＞

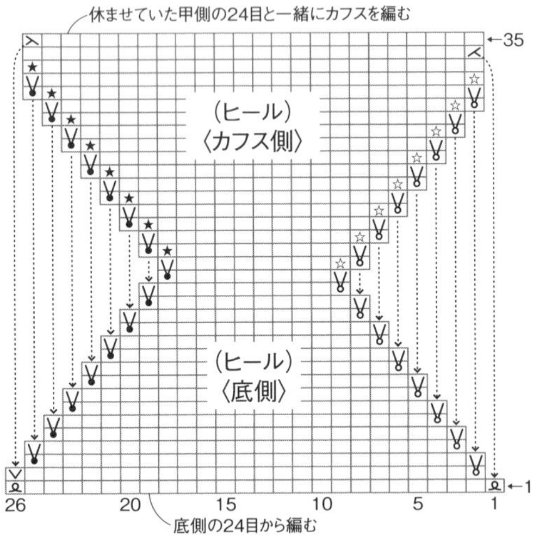

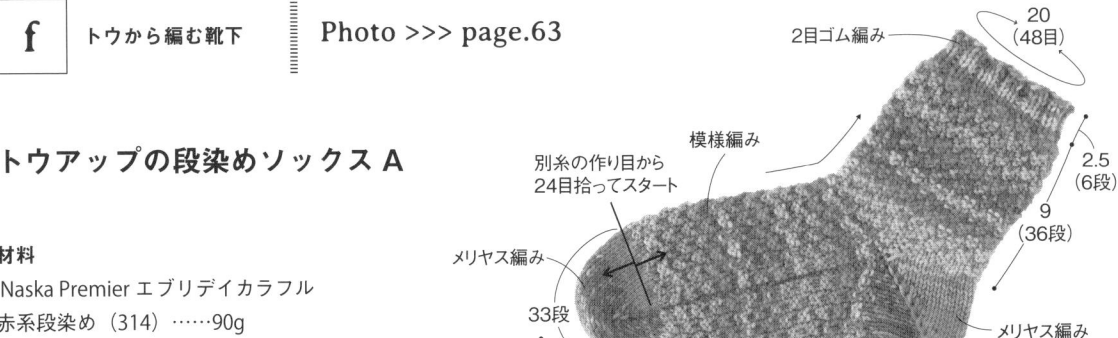

f トウから編む靴下 ｜ Photo >>> page.63

トウアップの段染めソックスＢ

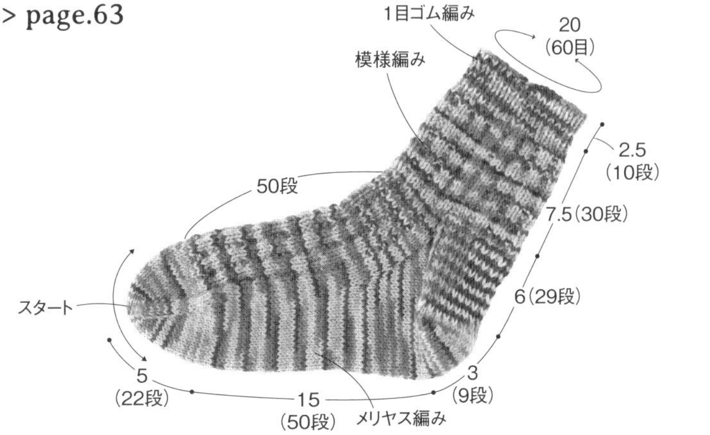

材料

ホビーラホビーレ　スイートパレット
ⓐ糸：ピンク系段染め（15）……80g
ⓑ糸：ブルー系段染め（11）……10g

用具

4号60㎝輪針2本

編み方手順

［作り目］フィギュアエイトの作り目（➔P.41）で2本の輪針に各10目作る（ⓐ糸）

1 全体が60目になるまでトウを編む。
2 インステップを30段編む。甲側30目は模様編み、底側30目は表編みにする。
3 全体が80目になるまでマチを編む（➔P.43）。最後の段では後ろ中心で1目増し目をする（81目）。
4 ヒールのターンを8段編む。
5 ⓑ糸に替えヒールのフラット部分を29段編む。
6 ⓐ糸に戻し模様編みでカフスを30段編む。
7 ⓑ糸に替えて1目ゴム編みを10段編み、伏せ止め。

ヒールの編み方

＜ターン＞※▲、△の編み方はP.30参照
❶底側35目表編み→ねじり増し目→1目表編み→表編みのショートロウ（▲）
❷21目裏編み→ねじり増し目→1目裏編み→裏編みのショートロウ（△）
❸19目表編み→ねじり増し目→1目表編み→▲
❹17目裏編み→ねじり増し目→1目裏編み→△
❺15目表編み→ねじり増し目→1目表編み→▲
❻13目裏編み→ねじり増し目→1目裏編み→△
❼11目表編み→ねじり増し目→1目表編み→▲
❽9目裏編み→ねじり増し目→1目裏編み→△
＜フラット部分＞
❶35目表編み→甲側30目表編み→底側44目表編み→右上2目一度
❷ⓑ糸に替えてすべり目→29目裏編み→裏編み2目一度
❸［すべり目、1目表編み］×15回→右上2目一度
❹❷の編み方をくり返す
※5～28段めは❸と❹をくり返し、底側の針に31目残るまで（28段めまで）編む
㉙すべり目→14目表編み→左上2目一度→14目表編み（30目になったら再び筒に編む）

トウの編み方

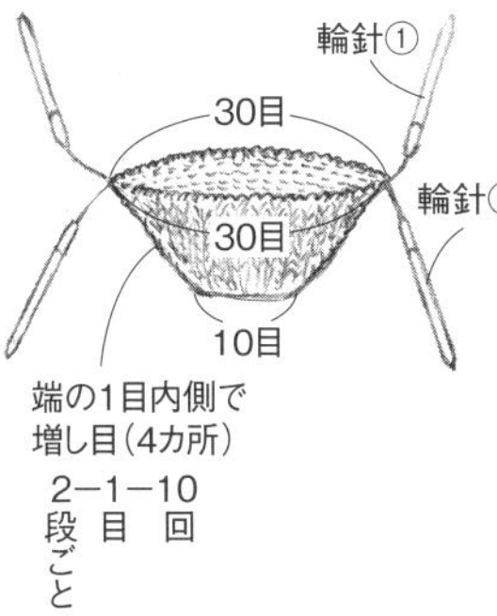

マチの編み方

マチの1段めから底側の針の両端1目内側で1段おきにねじり増し目をして19段めまで編み、20段めに後ろ中心で1目増し目。マチを編み終わると底側の針には51目かかっている。

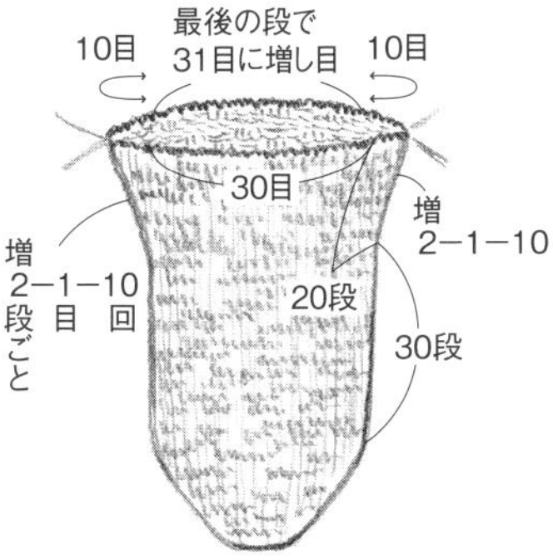

フラット部分の編み方

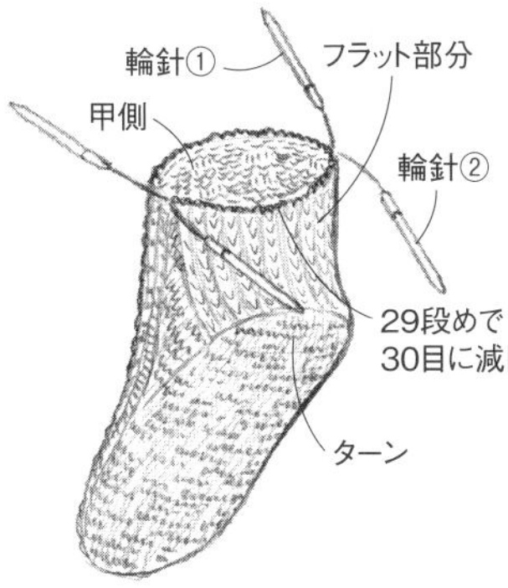

□ 表編み　㊀ 裏編み

模様編み

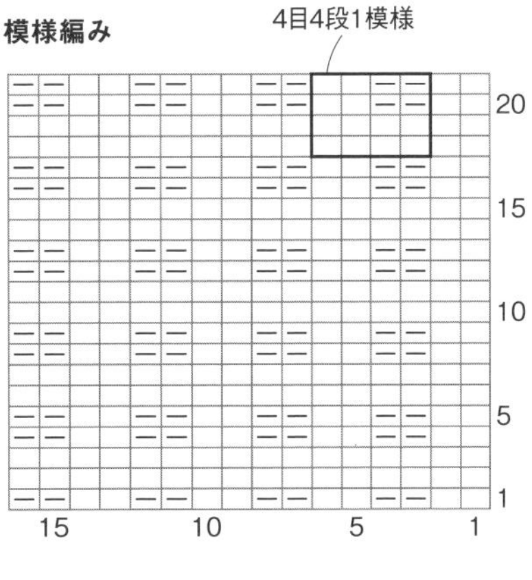

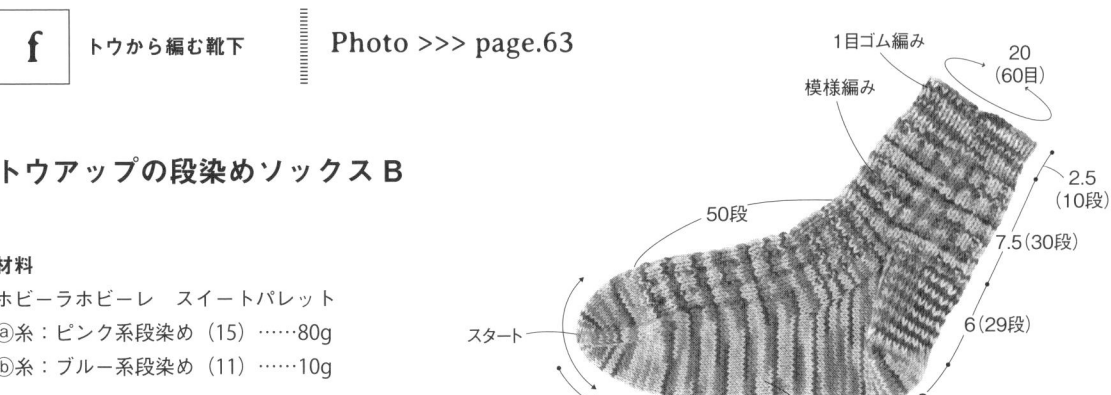

Photo >>> page.64

トウアップのコットンソックス

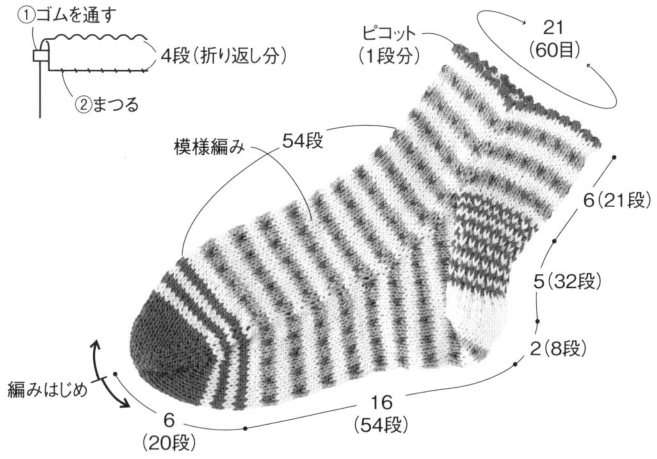

材料

パピーコットンコナファイン
生成り（302）……60g
赤（329）……30g
水色（343）……50g
8mm のゴムテープ……21cm を 2 本

用具

3 号 60㎝輪針 2 本
5 号かぎ針

編み方手順

［作り目］フィギュアエイトの作り目（→P.41）で 2 本の輪針に各 10 目作る（赤）

1 編み図のとおりに模様編みをしながら全体で 60 目になるまでトウを 20 段編む。
2 模様編みでインステップを 30 段編む。
3 模様編みを続けながら、底側の両端 1 目内側で 1 段おきに増し目をしてマチを 24 段編む（→P.43 ／マチを編み終わると底側の輪針にかかった目の目数は 54 目になる）。
4 ヒールのターンを 8 段編む。
5 ターンの 9 段めは、表編みでターンから甲側の 30 目までを続けて編む。
6 底側の右端からヒールのフラット部分を 32 段編む（→P.44）。
7 再び 60 目が輪になるので、マチから模様編みを続けてカフスを 19 段編む。
8 赤の糸に替え、1 段表編み、1 段ピコット編み［左上 2 目一度、かけ目をくり返す］、1 段表編み。生成りの糸に替え、3 段表編みを編んだらゆるめに伏せ止めをする。
9 はき口をピコット編みのところから内側へ折り込み、輪にしたゴムテープを内側に入れてはき口の端をまつる。

編み方ポイント

・ゆったりしたサイズの靴下は、この作品のようにしてはき口にゴムテープを通すと安定します。

マチとボックスヒールのターンを編んだところ

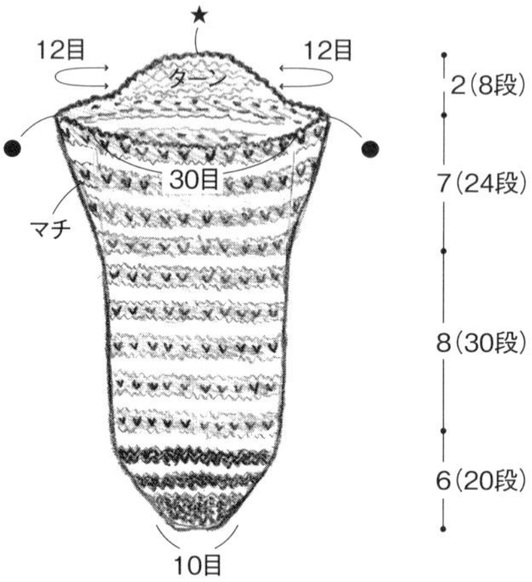

カフスの編みはじめ

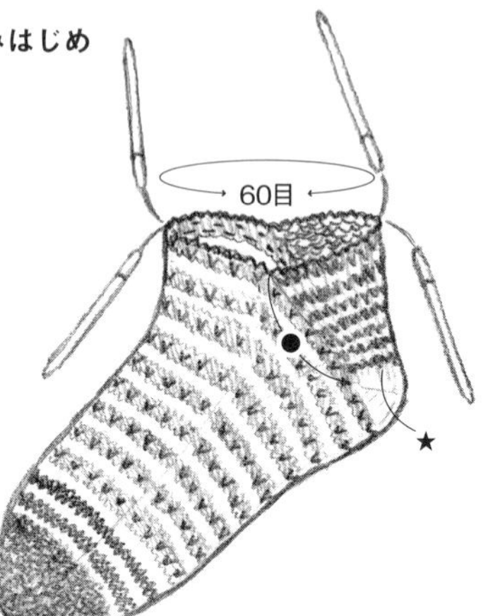

ヒールの編み方

＜ターン＞※▲、△の編み方は P.30 参照

❶甲側 30 目表編み→底側 36 目表編み→ねじり増し目→ 1 目表編み 1 目→表編みのショートロウ（▲）

❷ 20 目裏編み→ねじり増し目→ 1 目裏編み→裏編みのショートロウ（△）

❸ 18 目表編み→ねじり増し目→ 1 目表編み→▲

❹ 16 目裏編み→ねじり増し目→ 1 目裏編み→△

❺ 14 目表編み→ねじり増し目→ 1 目表編み→▲

❻ 12 目裏編み→ねじり増し目→ 1 目裏編み→△

❼ 10 目表編み→ねじり増し目→ 1 目表編み→▲

❽ 8 目裏編み→ねじり増し目→ 1 目裏編み→△

＜フラット部分＞

❶底側右端から 45 目表編み→右上 2 目一度

❷すべり目→ 28 目裏編み→裏編み 2 目一度

❸［すべり目、1 目表編み］× 14 回→すべり目→右上 2 目一度

※❸から赤 2 段、生成り 2 段と 2 段ごとに色を替えて編む

❹❷をくり返す

※ 5 段め以降は ❸と❹をくり返し、底側の針にかかった目が 30 目に戻るまで（32 段めまで）編む

※ 29 ～ 32 段めは生成りで編む

トウの編み方

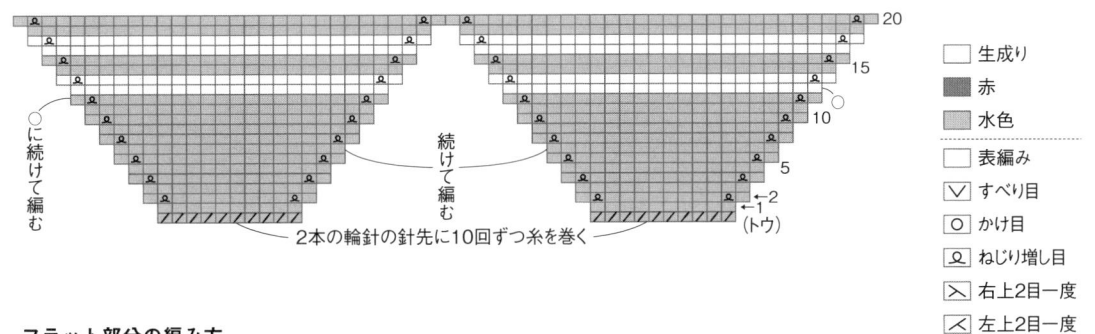

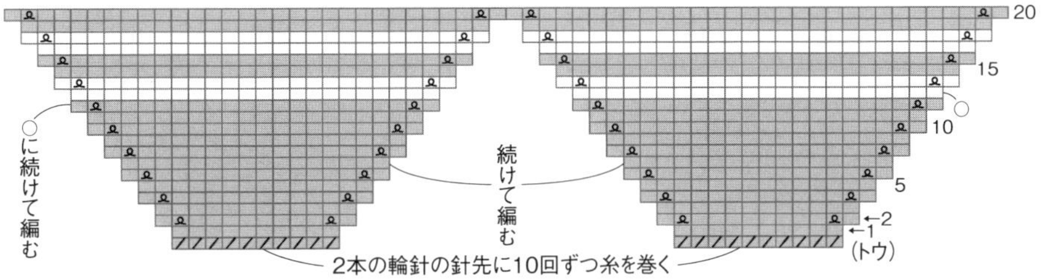

- 生成り
- 赤
- 水色
- 表編み
- すべり目
- かけ目
- ねじり増し目
- 右上2目一度
- 左上2目一度

フラット部分の編み方

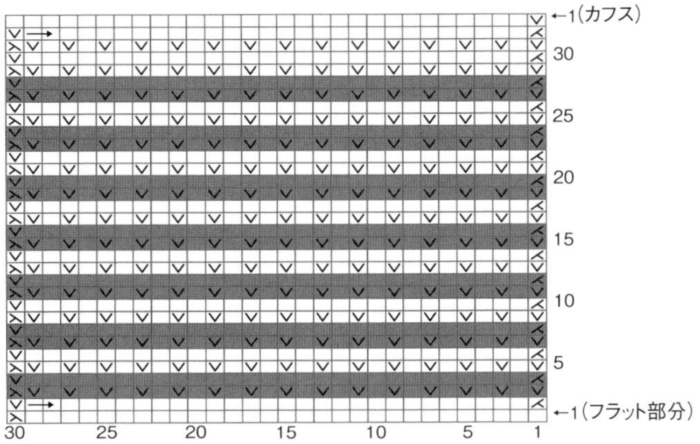

カフスの編み方

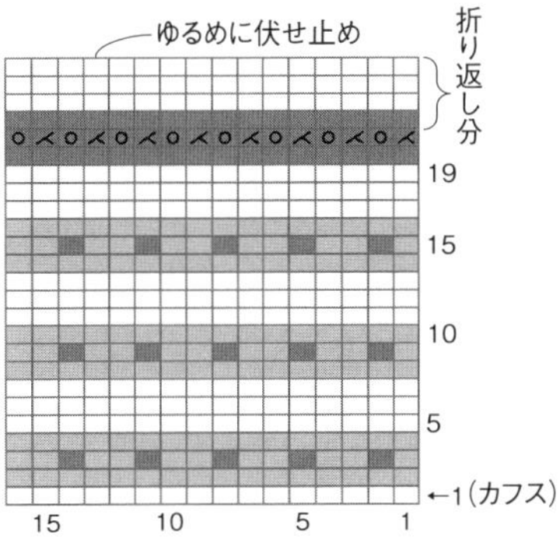

マチの編み方

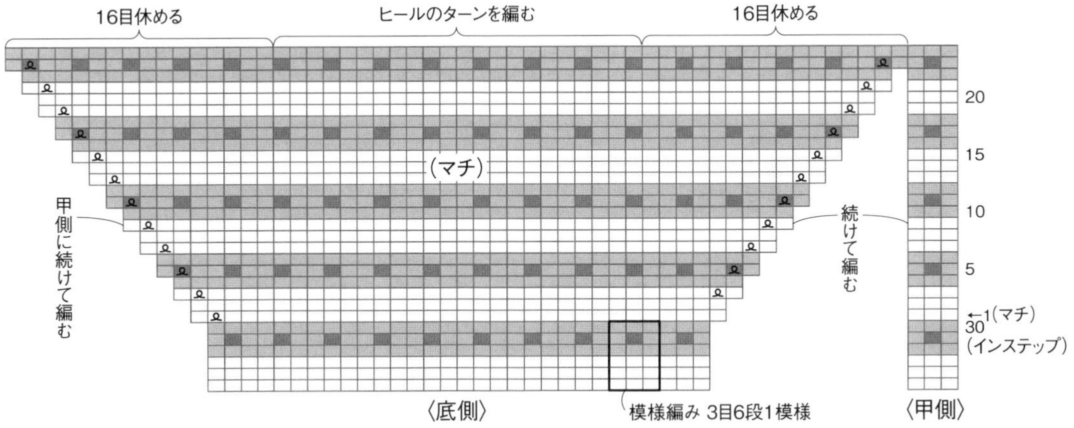

A ボックスヒール ＋ **a** ワイドトウ　Photo >>> page.64

コットンモールソックス

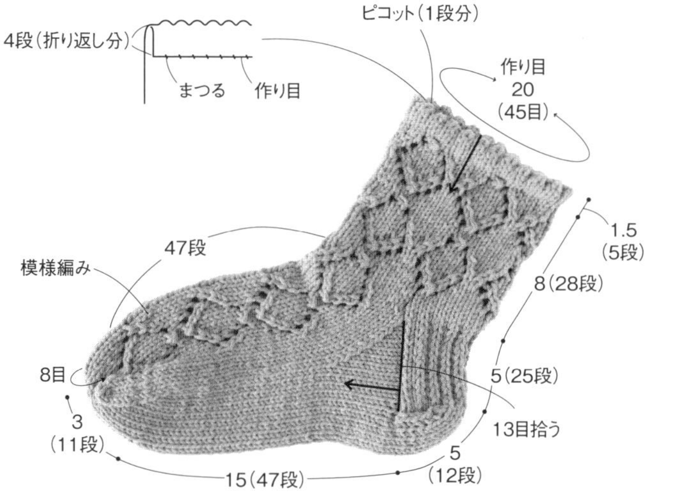

材料

DIANA COLLECTION マノロ
ブルーグレー（12）……100g

用具

4号60cm輪針2本／5号かぎ針

編み方手順

［作り目］かぎ針の作り目で45目作り輪にする

1 4段表編みをし、5段めはピコット編み（2目一度とかけ目のくり返し）で編む。
2 6～10段めは表編みをし、11段めからは編み図のとおりに38段めまで模様編みを編む。
3 甲側の22目を休めてボックスヒールを編む。
4 フラット部分の左右からそれぞれ13目、ターンから11目、甲側の22目を合わせて（59目で）、もとの45目になるまで（14段）マチを編む（→P.14）。甲側22目にはカフスから続けて模様編みを2模様入れる。
5 インステップを33段編む。甲側22目にはマチから続けて模様編みを2模様入れ、底側23目はメリヤス編みにする。33段めで足底側の中央で2目一度をして全体で44目にする。
6 ワイドトウ（→P.16）を11段編む。甲側にはインステップから続けて模様を入れる。つま先は残った16目を8目ずつに分けメリヤスはぎにする。
7 はき口をピコット編み部分から内側に折り込み、端をまつる。

編み方ポイント

・9目1模様の模様編みに合わせて作り目を45目にしていますが、ワイドトウは偶数目で編むためインステップ最終段の足底中央で1目減らしました。

カフスの編み方

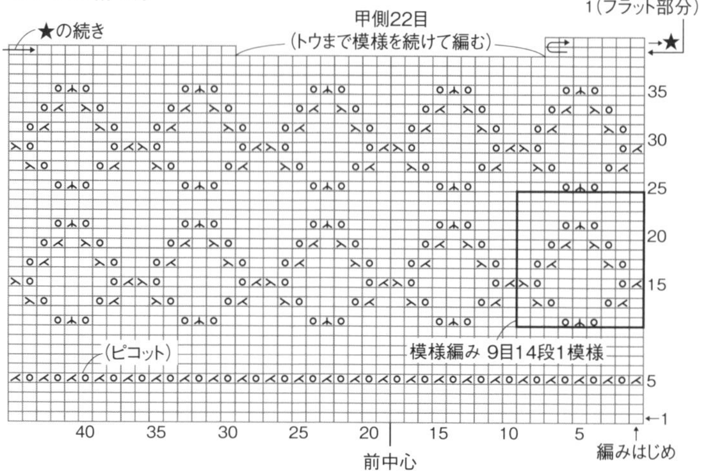

ボックスヒールの編み方

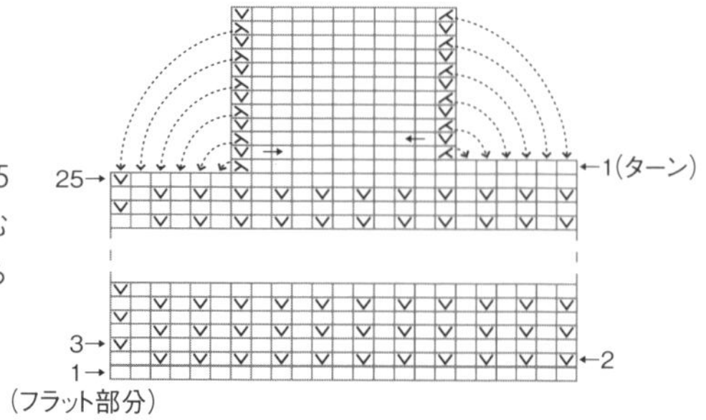

＜フラット部分＞
❶2模様分（22目）が甲側になるよう、7目表編み→持ち替えて23目裏編み（編み進み方は上記「カフスの編み方」参照）
❷［すべり目、1目表編み］×12回→2目表編み
❸すべり目→22目裏編み
※4段めから❷と❸をくり返して25段めまで編む
＜ターン部分＞
❶16目表編み→右上2目一度
❷すべり目→9目裏編み→裏編み2目一度
❸すべり目→9目表編み→右上2目一度
※4段めから❷と❸をターンの目数が11目になるまでくり返す（12段）

ワイドトウの編み方

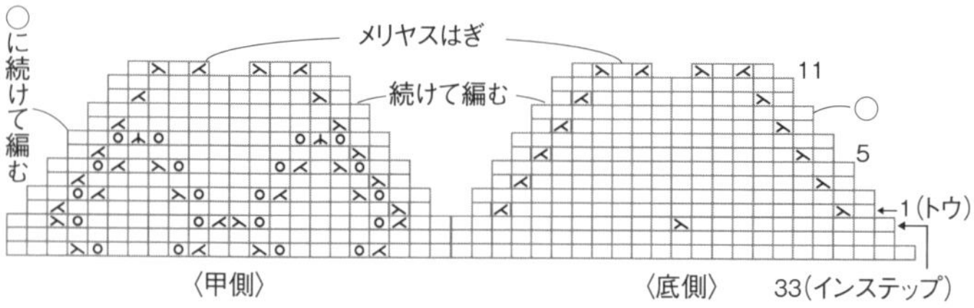

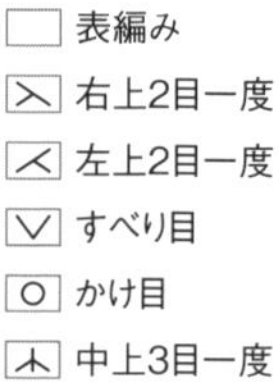

Basic Technique 01

いろいろな作り目

作り目は作りやすい方法でいいのですが、作りやすく目もきれいなかぎ針の作り目がおすすめです。

かぎ針の作り目

1.

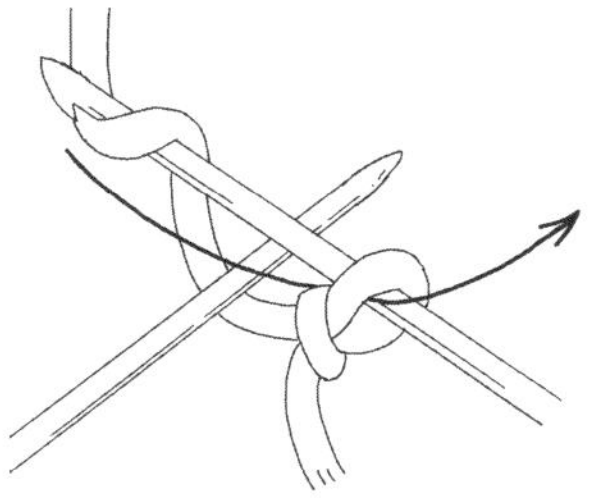

かぎ針にループをかけて図のように棒針を添え、棒針をまたぐようにしてくさり編みをする。

2.

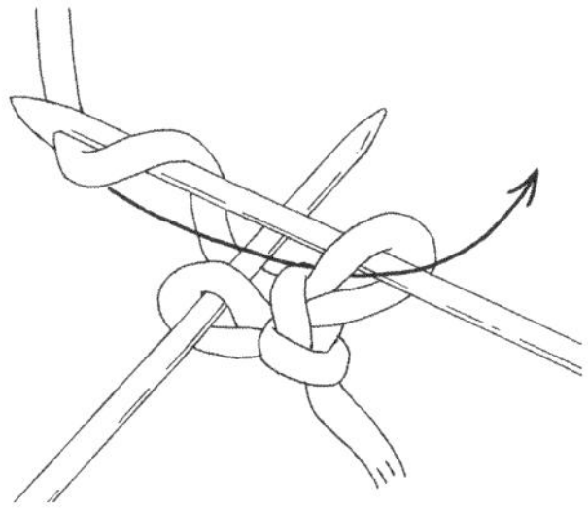

作り目がひとつできる。糸を針の向こう側にまわし、**1**をくり返す。

3.

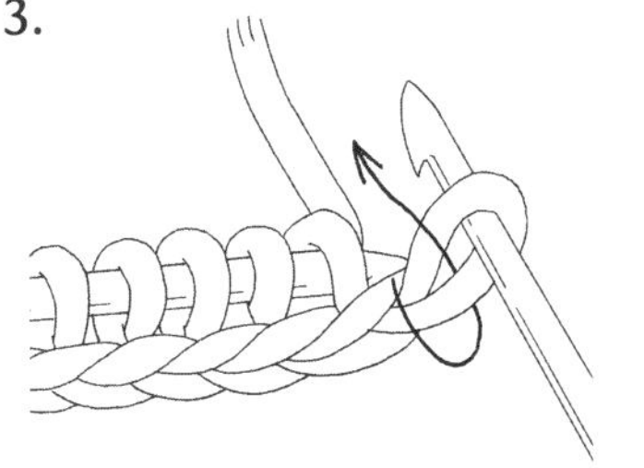

必要な目数－1目になるまで作り目をし、最後はかぎ針にかかったループを棒針に移す。

一般的な作り目

1.

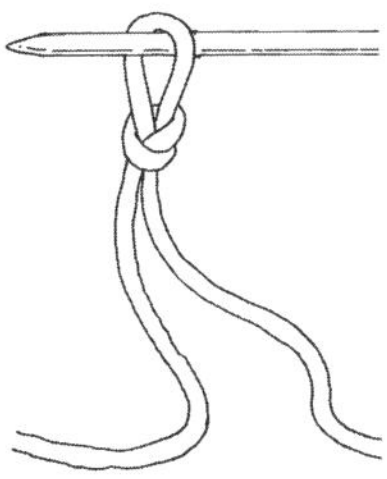

糸端を編み地幅の約3倍残してループを作り、針にかける。

2.

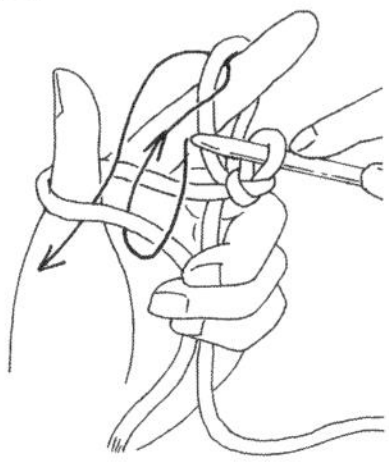

糸端を親指、編み糸を人差し指にかけ、矢印のように針を動かす。

3.

親指で矢印のように右側の糸をすくい、引きしめる。

4.

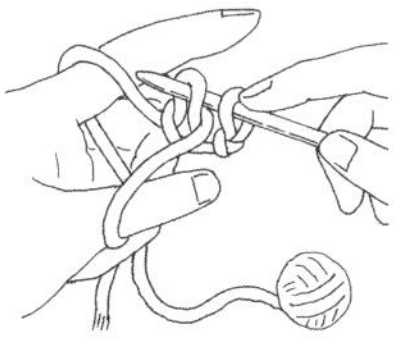

これで作り目が1目できる。

5.

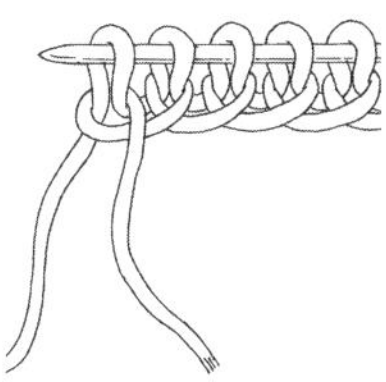

必要な目数になるまで**1～4**をくり返す。

編んで作る作り目

1.

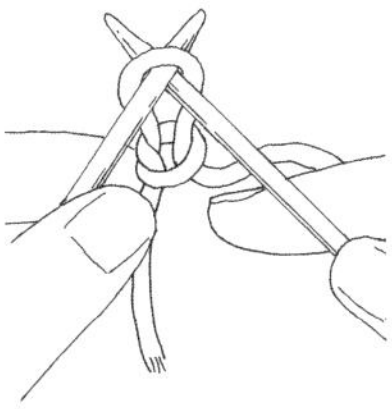

左針に1目めのループを作り、右針を手前から向こう側へ入れる。

2.

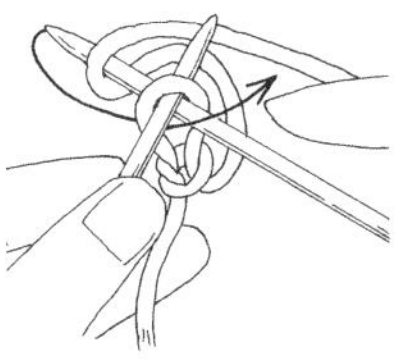

右針に糸をかけ、矢印のように引き出す。

3.

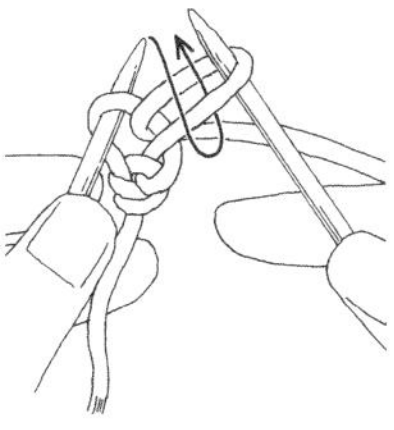

引き出したループを矢印のように左針にかける。

4.

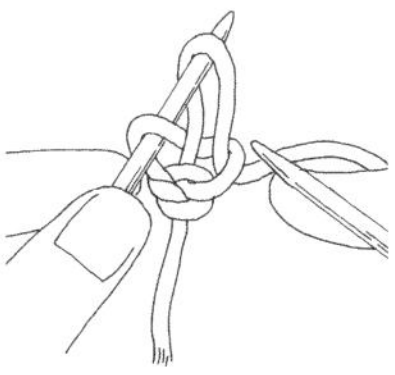

右針を抜くと、作り目がひとつできる。

5.

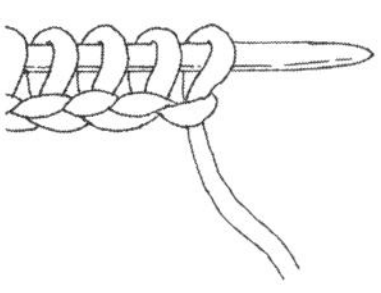

必要な目数になるまで**1～4**をくり返す。

2色の作り目

1.

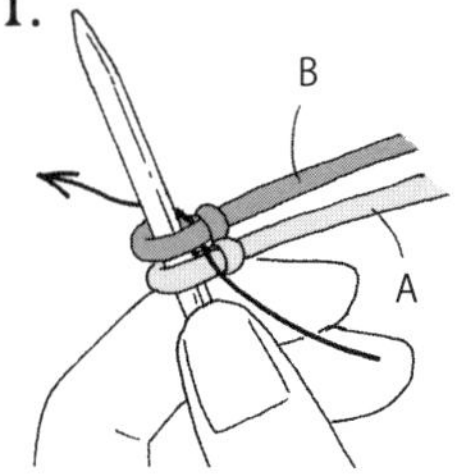

糸A、Bのループを左針にかけ、矢印のようにBのループに右針を入れる。

2.

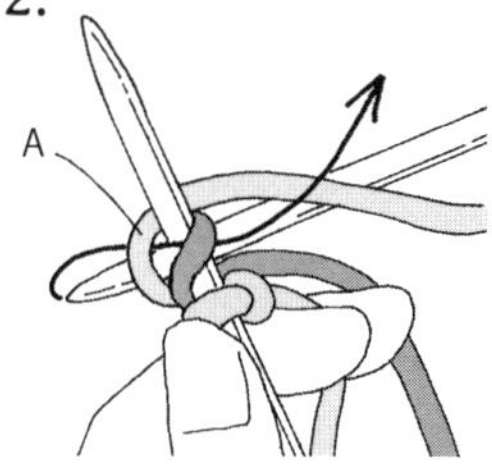

糸Aをかけ、表編みにする。

3.

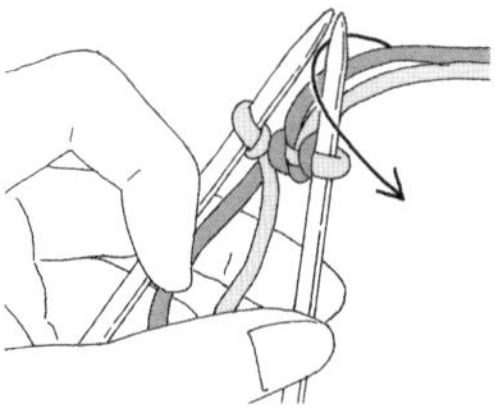

右針の向こう側で糸2本を束ね、矢印のように手前に出す。

4.

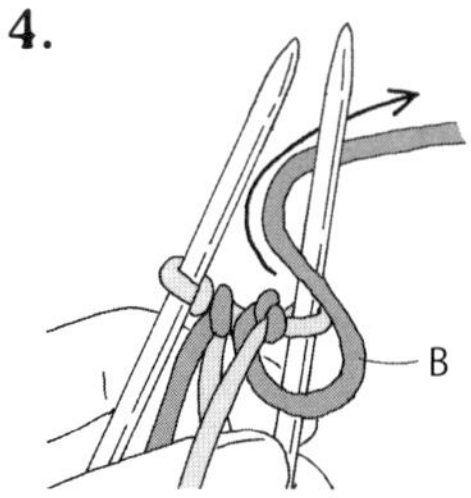

糸Bを糸Aの下にくぐらせ矢印のように向こう側へ戻す。

5.

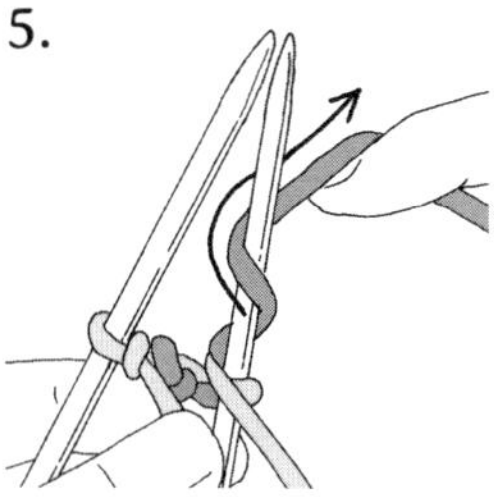

糸Bを右針に巻きつける（かけ目をする）。

6.

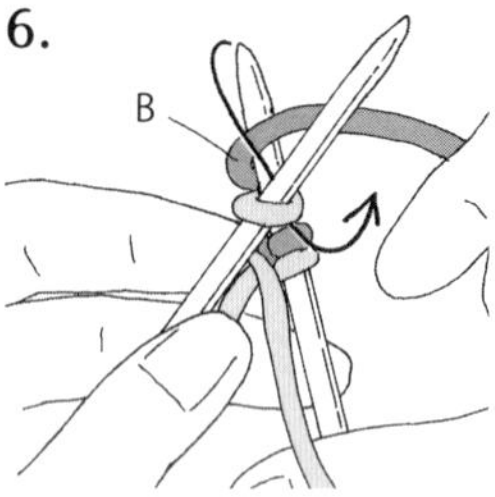

左針のループに右針を入れ、糸Bをかけて表編みにする。

7.

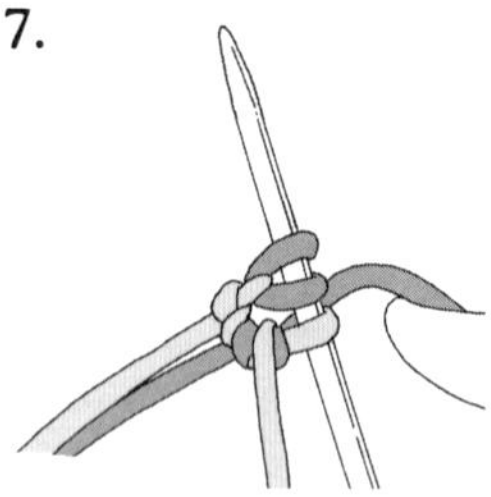

右針に糸Bの2目が並ぶ。

8.

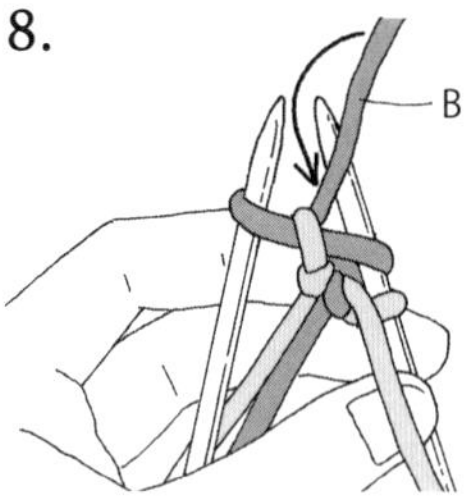

糸Bの2目めを左針に戻し、糸Bを手前に出す。

9.

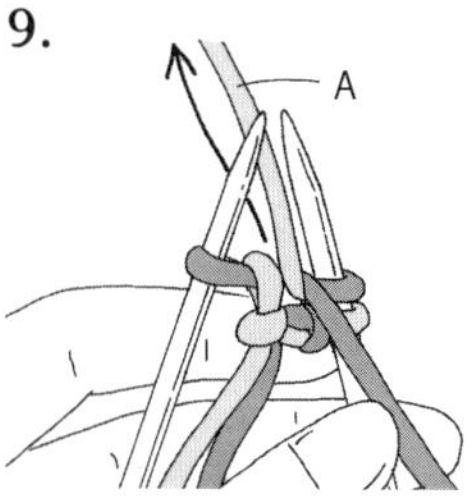

糸Aを糸Bの下にくぐらせ矢印のように向こう側へ戻す。

10.

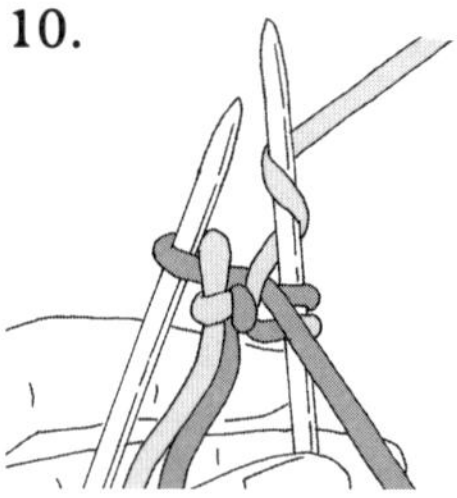

糸Aを右針に巻つける（かけ目をする）。

11.

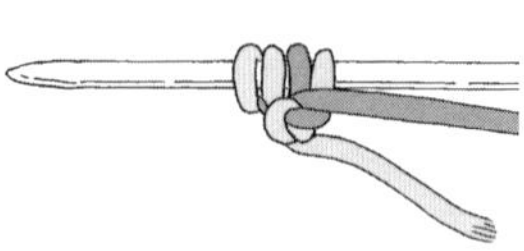

左針の目を糸Aで表編みにすると、右針にAの2目が並ぶ。

12.

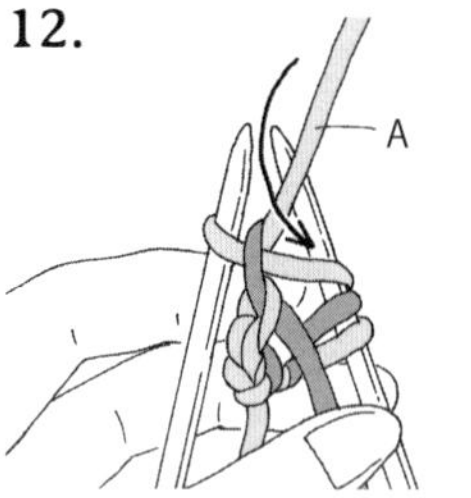

糸Aの2目めを左針に戻し、糸Aを手前に出す。

13.

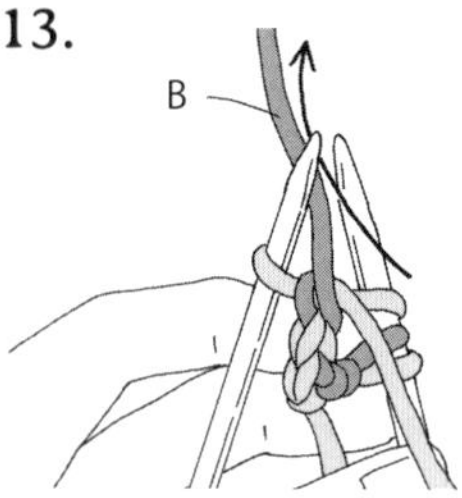

糸Bを糸Aの下にくぐらせ矢印のように向こう側へ戻す。

14.

必要な目数になるまで5～13をくり返す。

Basic Technique 02

基本の編み目

本書の作品で使用しているおもな編み目を編み目記号と一緒にご紹介します。

｜ 表編み

1.

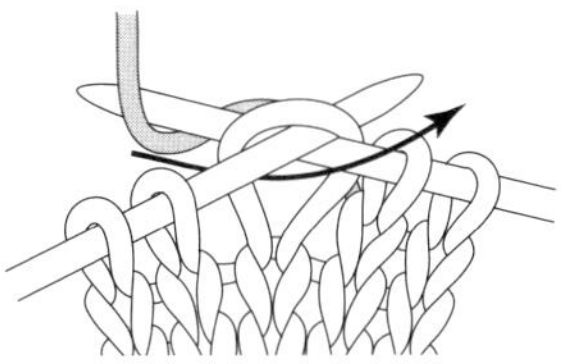

左針の目に手前から右針を入れ、糸をかけて矢印のように引き出す。

2.

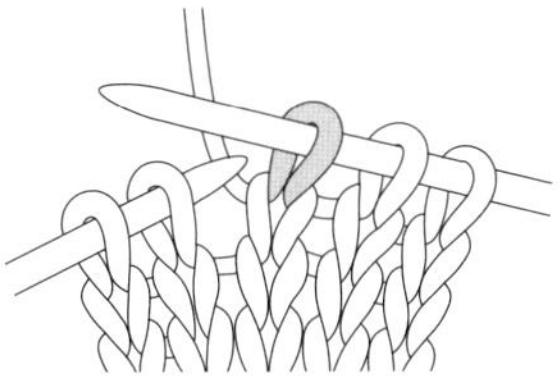

左針から目をはずすと、表編みが１目編める。

― 裏編み

1.

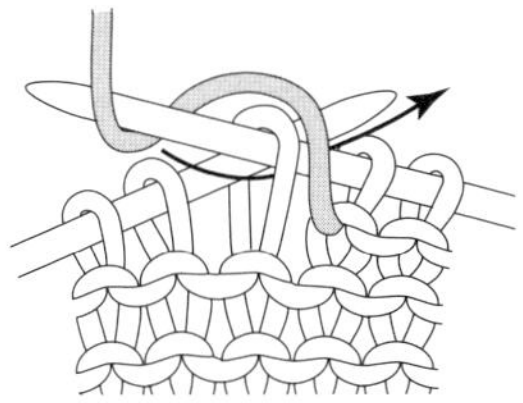

左針の目に向こう側から右針を入れ、糸をかけて矢印のように引き出す。

2.

左針から目をはずと、裏編みが１目編める。

○ かけ目

1.

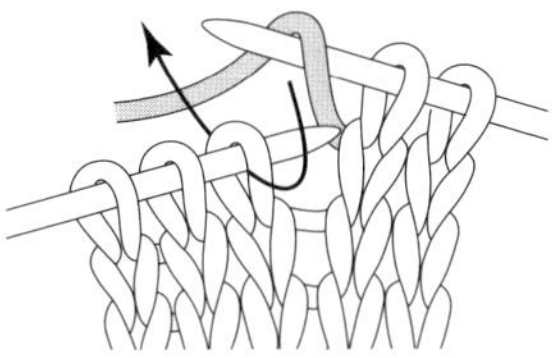

右針に手前から糸をかけ、そのまま次の目を編む。

2.

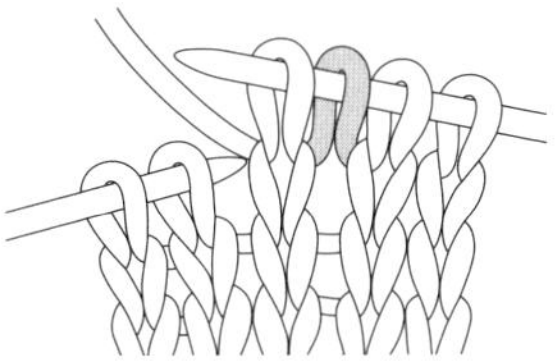

前の目と次の目の間にかけた糸が目になって残り、１目増える。

V すべり目

1.

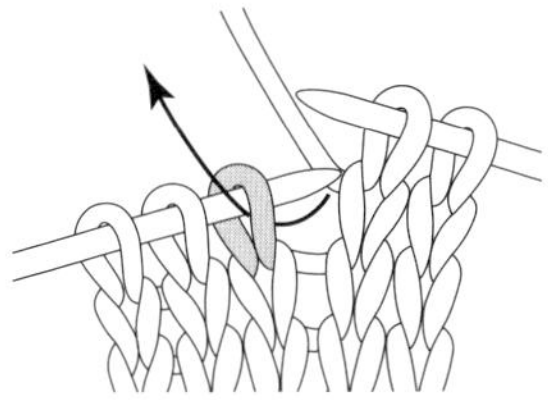

編み糸を向こう側に置き、左針の目に矢印のように右針を入れる。

2.

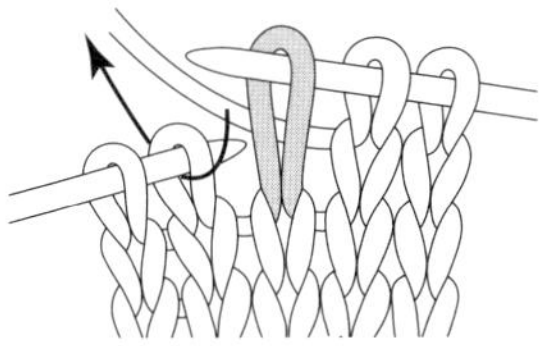

左針を目からはずすと、右針に目が移る。そのまま次の目を編んでいく。

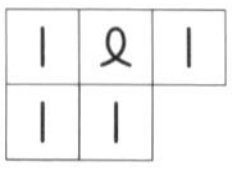

ねじり増し目
（表目右側）

1.

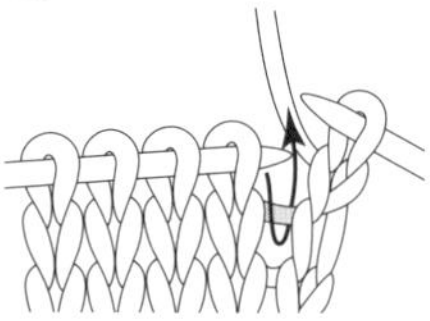

端の目を１目編み、次の目との間に渡った糸を矢印のように左針で引き上げる。

2.

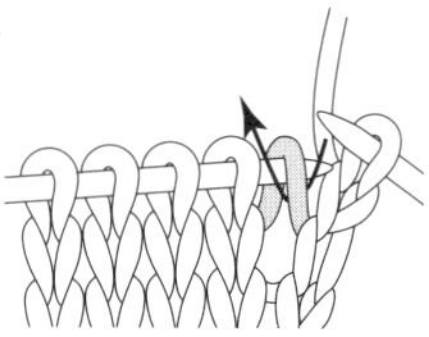

引き上げた糸に、右針を矢印のように入れる。

3.

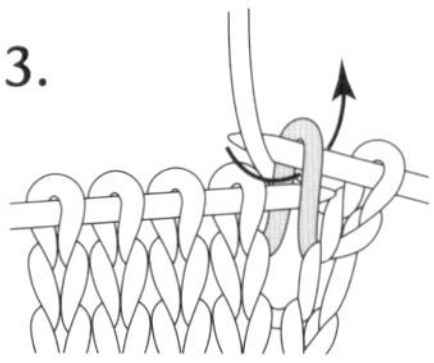

右針に糸をかけて表編みをする。

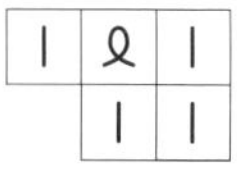

ねじり増し目
（表目左側）

1.

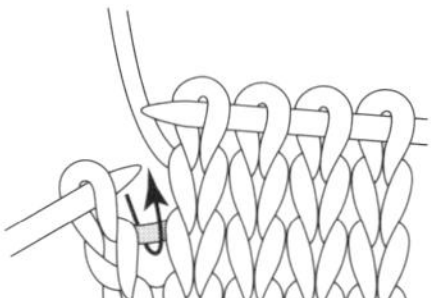

端の目の１目手前まで編み、端の目との間に渡った糸を矢印のように左針で引き上げる。

2.

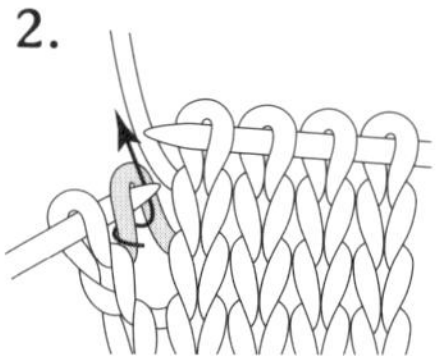

引き上げた糸に、右針を矢印のように入れる。

3.

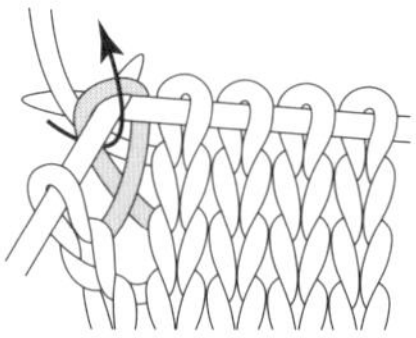

右針に糸をかけ表編みをすると、右側とは逆にねじれたねじり増し目が編める。

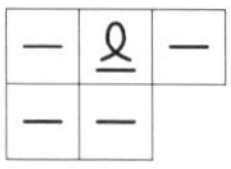

ねじり増し目
（裏目右側）

1.

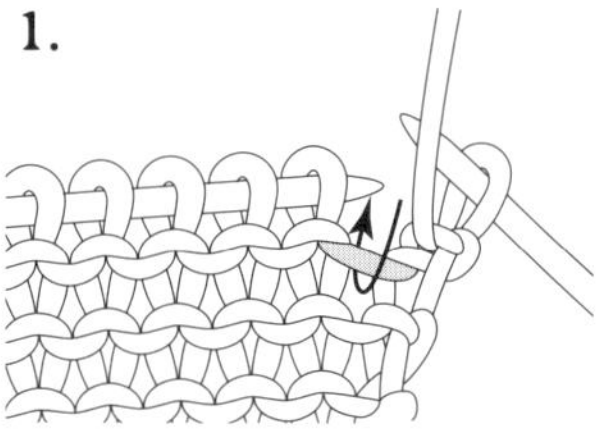

端の目を１目編み、次の目との間に渡った糸を矢印のように左針で引き上げる。

2.

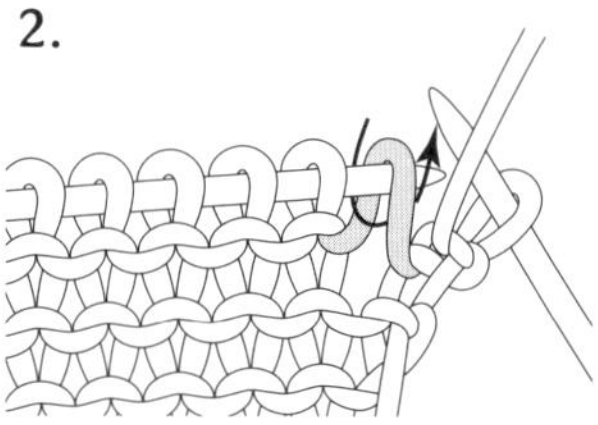

引き上げた糸に、矢印のように右針を入れて裏編みをする。

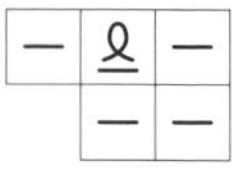

ねじり増し目
（裏目左側）

1.

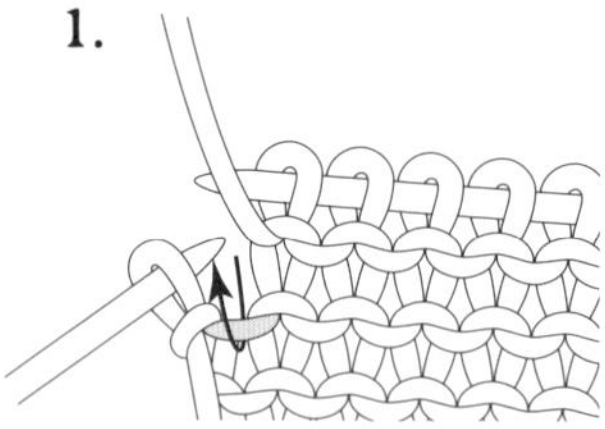

端の目の１目手前まで編み、端の目との間に渡った糸を矢印のように左針で引き上げる。

2.

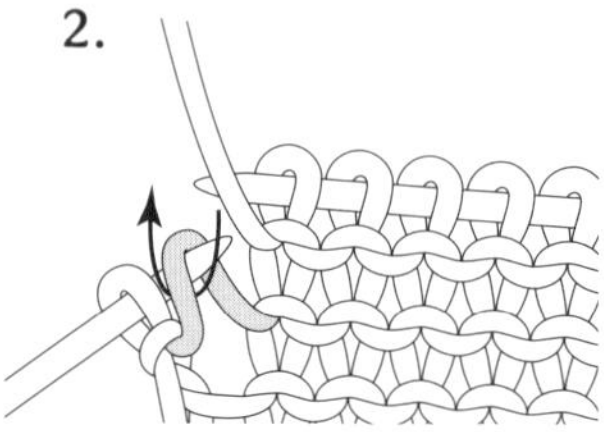

引き上げた糸に、矢印のように右針を入れて裏編みをする。

右上２目一度

1.

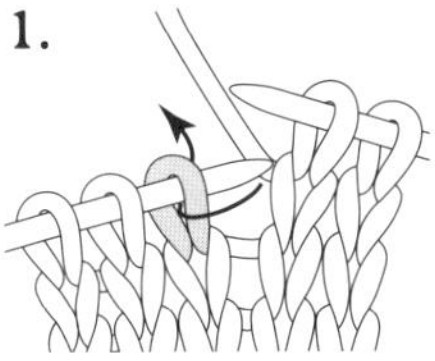

１目めに矢印のように右針を入れ、目を右針に移す。

2.

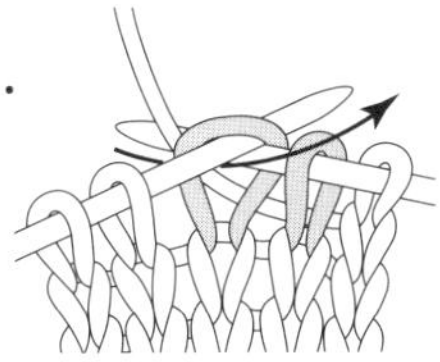

２目めを表編みにする。

3.

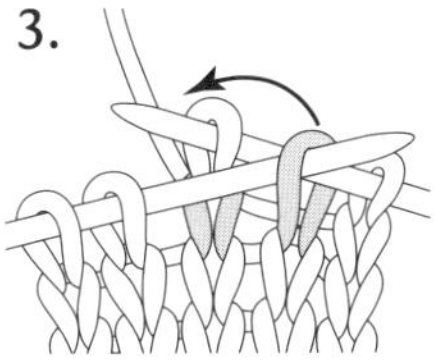

１目めを２目めかぶせると、右上２目一度ができる。

左上２目一度

1.

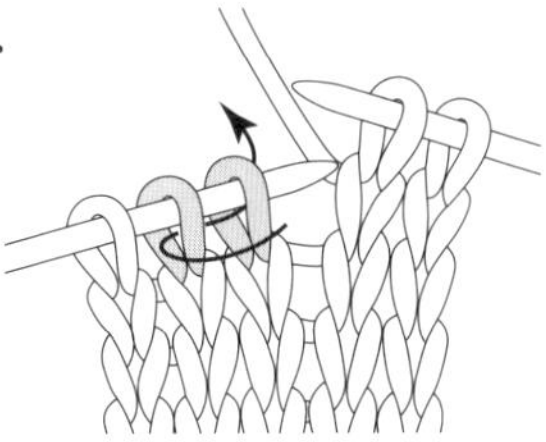

２目に矢印のように右針を入れる。

2.

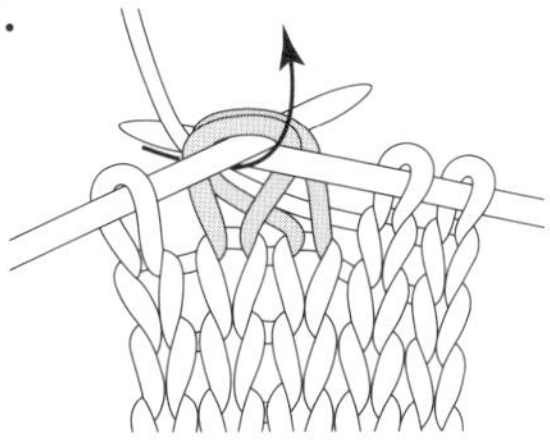

２目一緒に表編みをすると、左上２目一度ができる。

裏右上２目一度
(裏編み２目一度)

1.

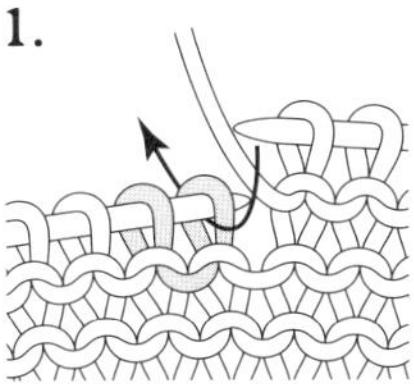

１目めに矢印のように右針を入れ、目を右針に移す。２目めも同様に右針に移す。

2.

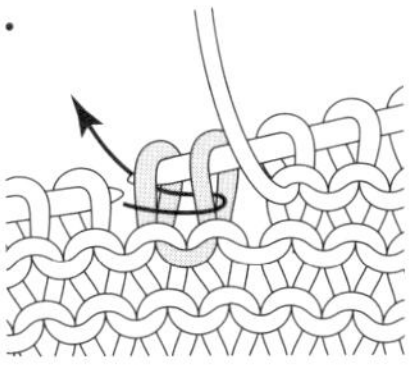

移した２目に矢印のように左針を入れて左針へ移すと、２目の順番が入れ替わる。

3.

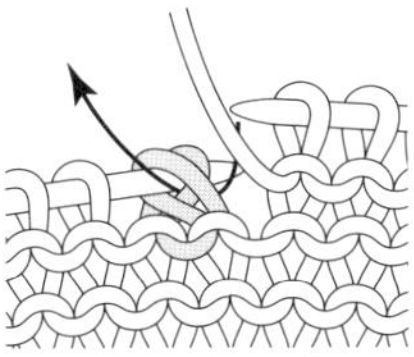

２目に矢印のように右針を入れ、２目一緒に裏編みをする。

裏左上２目一度

1.

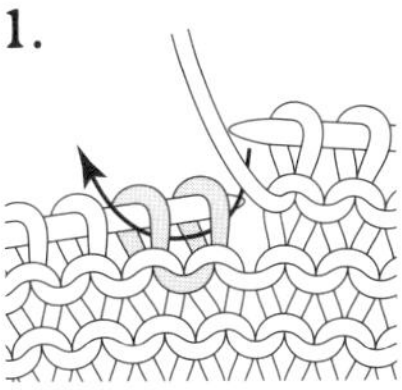

左針の２目に右針を矢印のように入れる。

2.

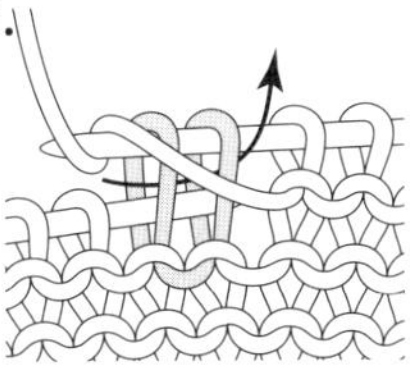

右針に糸をかけ、２目一緒に裏編みをする。

3.

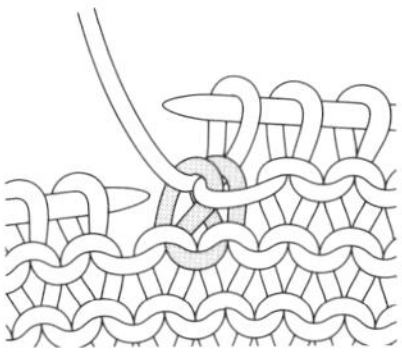

裏編みを編み、左針を抜けば裏左２目一度のできあがり。

中上3目一度

1.

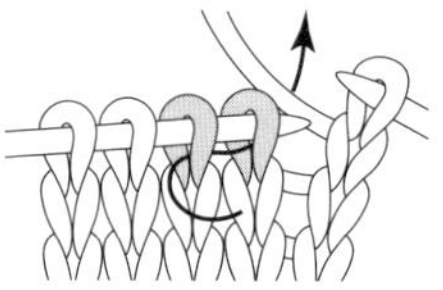

右針を矢印のように2目に入れ、そのまま2目を右針に移す。

2.

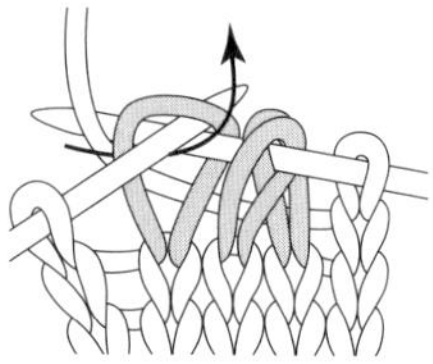

3目めを表編みにする。

3.

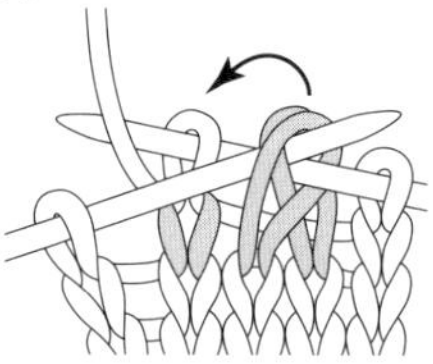

3目めに右針に移した2目をかぶせる。

右上1目交差

1.

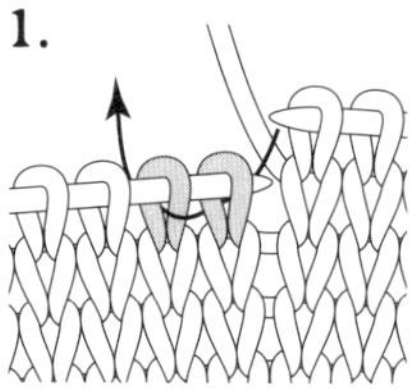

1目の後ろから2目めに矢印のように右針を入れ、表編みにする。

2.

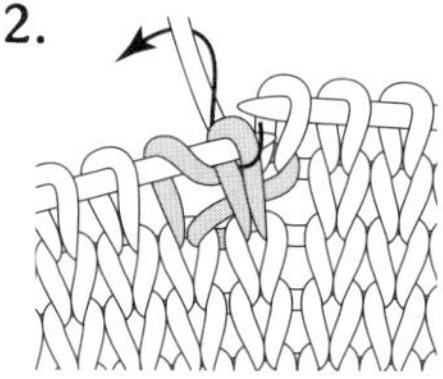

1目めに矢印のように右針を入れ、針に糸をかける。

3.

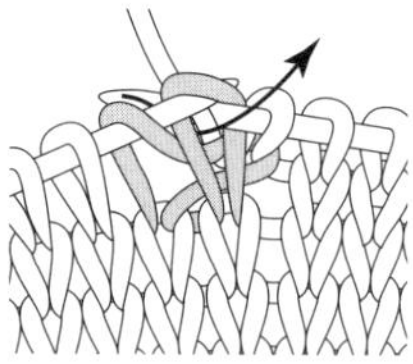

糸を引き出して表目を編めば、右上1目交差のできあがり。

右上2目交差

1.

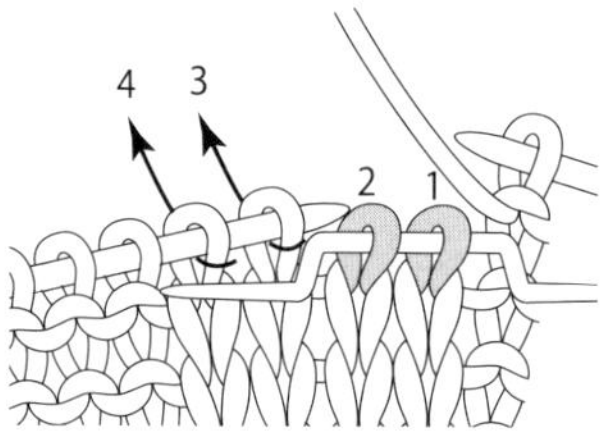

1、2の目を縄編み針に移して手前に置き、向こう側で3、4の目を表編みにする。

2.

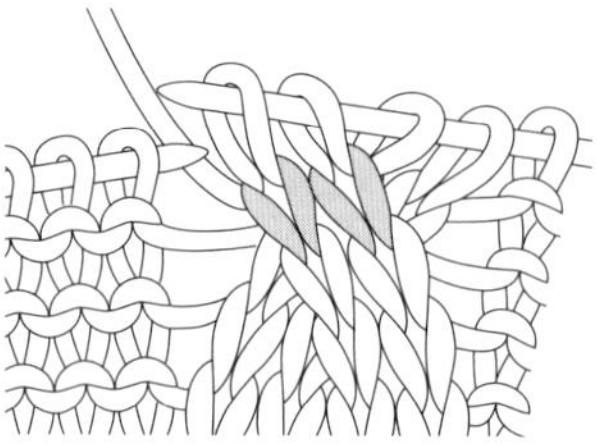

1、2の目を手前で表編みにすると、右の2目が前に出た交差編みになる。

左上2目交差

1.

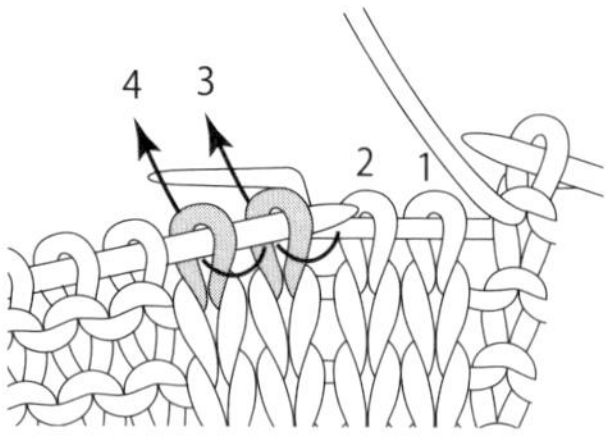

1、2の目を縄編み針に移して向こう側に置き、手前で3、4の目を表編みにする。

2.

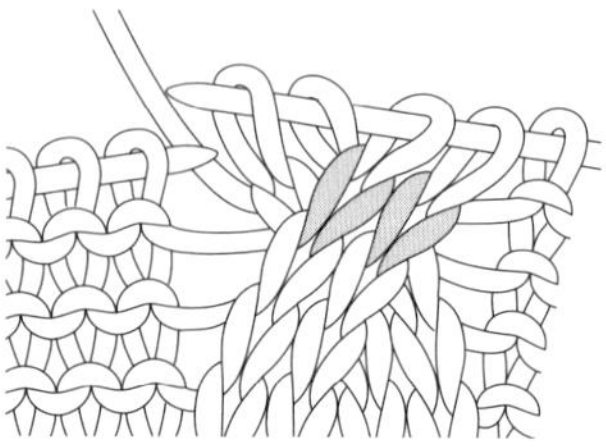

1、2の目を向こう側で表編みにすると、左の2目が前に出た交差編みになる。

Basic Technique 03

止めとはぎ

最終段を編んだあとに編み目を止める方法と、別の編み目とはぎ合わせる方法です。

伏せ止め（かぎ針で止める）

1.

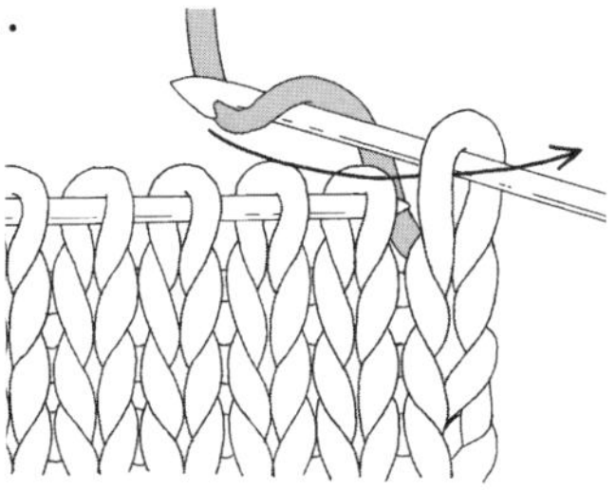

1目めをかぎ針に移し、かぎ針に糸をかけて矢印のように引き抜く。

2.

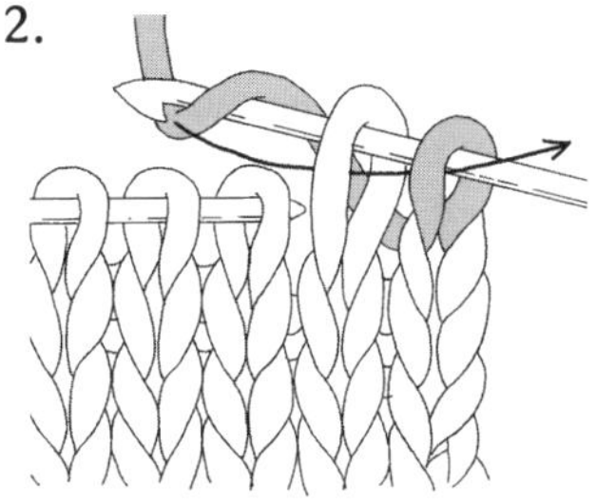

次の目をかぎ針に移し、かぎ針に糸をかけて2目一緒に引き抜く。

3.

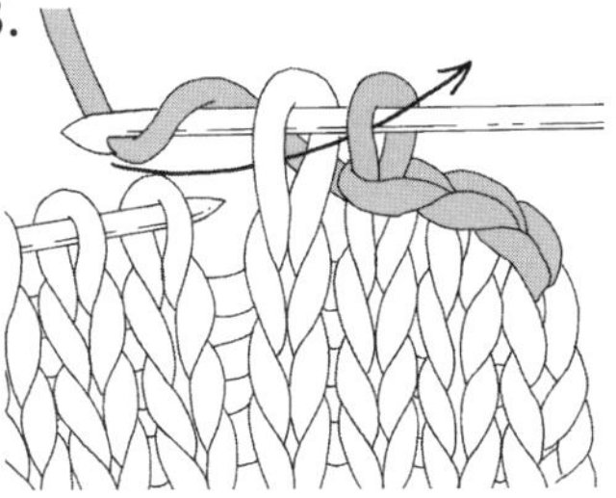

2をくり返してすべての目を伏せ、最後のループから編み糸の端を引き抜き、引きしめればできあがり。

伏せ止め（棒針で止める）

1.

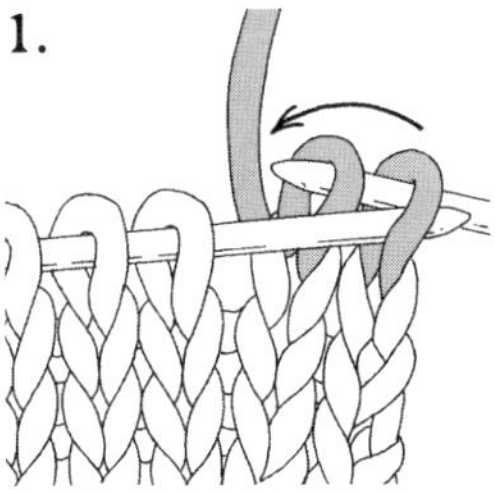

最初の2目を編み、1目めに左針を入れ2目めにかぶせる。

2.

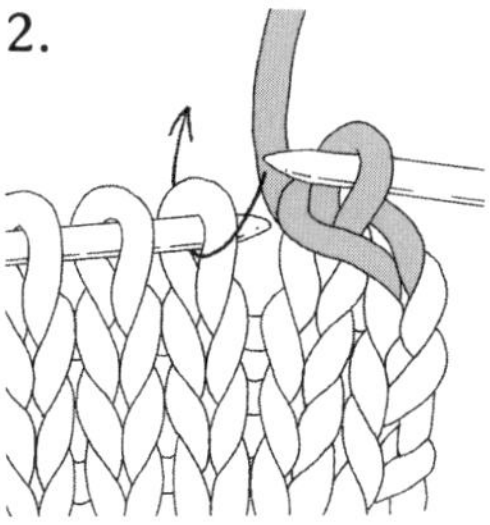

3目めを編む。

3.

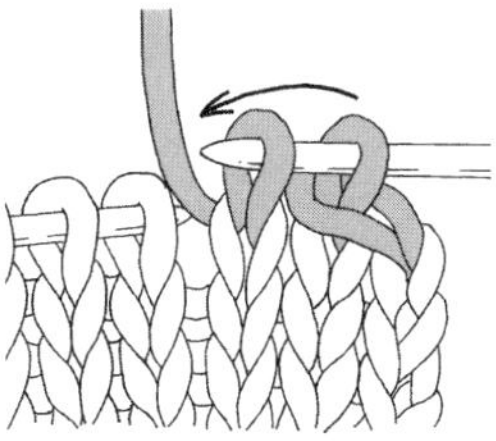

編んだ目に右針の右側の目をかぶせる。

4.

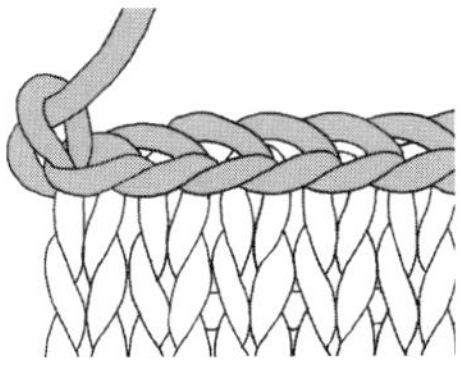

2～3をくり返し、最後はループから糸端を引き抜けばできあがり。

メリヤスはぎ

1.

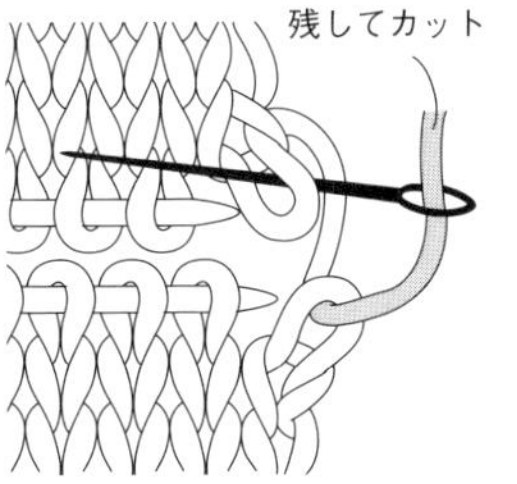

糸端をとじ針に通し、はぎ合わせる2枚の編み地の端の目に図のように針を通す。

2.

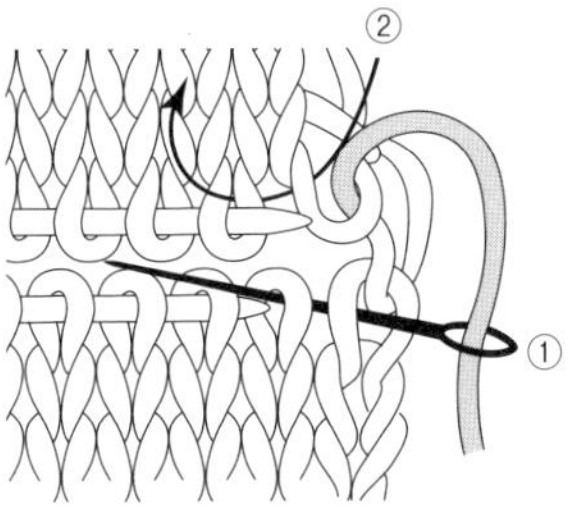

さらに①、②のように針を通し、糸を引きしめる。

3.

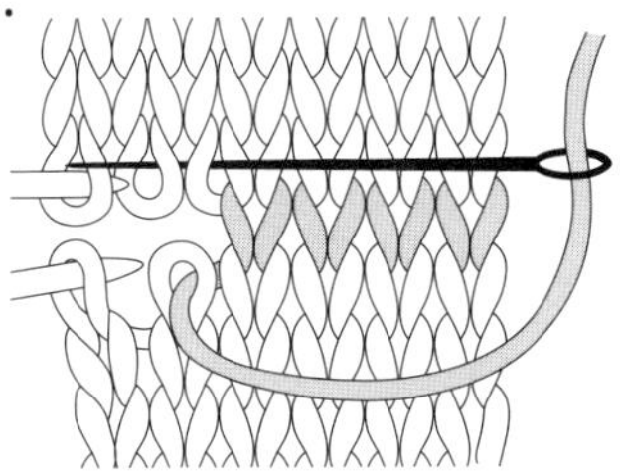

2をくり返して端の目まではぎ合わせ、最後は糸端を編み目にからめて始末する。

Profile

林ことみ

ニット、刺繍、ソーイングなどのデザインと同時にハンドメイド本の企画・編集も手がける手芸ジャーナリスト。2000 年からは毎年夏に開催される「北欧ニットシンポジウム」に参加し、シンポジウムで出会った楽しい編み方や珍しいテクニックをテーマとしたニット本を刊行している。2012 年から、雑誌『暮しの手帖』でエッセイの連載もスタート。『輪針でニット』『おしゃべりKnit』（ともに小社刊）など、著書多数。

http://knitstrik.exblog.jp/

〈参考文献〉

SOCKS FROM THE TOE UP, WENDY. JOHNSON, POTTER CRAFT NEW YORK

Knitting Traditions (Winter 2010), INTERWEAVE

Staff

撮影 ❖ 松本のりこ

イラスト ❖ 株式会社ウエイド〈P.19～88, 基礎編みイラスト〉

しかのるーむ〈基礎編みイラスト〉

編集協力 ❖ 今泉史子

企画・編集 ❖ 笠井良子（グラフィック社）

７刷デザイン協力 ❖ 橘川幹子

KNIT MANIAX 02

手編み靴下研究所

2013 年 10 月 25 日　初版第 1 刷発行
2023 年 9 月 25 日　初版第 7 刷発行

著　者　　林ことみ

発行者　　西川正伸

発行所　　株式会社 グラフィック社

〒 102-0073　東京都千代田区九段北 1-14-17

TEL 03-3263-4318　FAX 03-3263-5297

http://www.graphicsha.co.jp

振替 00130-6-114345

印刷・製本　図書印刷株式会社

ISBN 978-4-7661-2471-2 C2077

材料提供（50 音順）

株式会社ダイドーフォワード
パピー
〒 101-8619　東京都千代田区外神田 3-1-16
ダイドーリミテッドビル 3F
tel.03-3257-7135
http://www.puppyarn.com

クロバー株式会社
〒 537-0025　大阪市東成区中道 3-15-5
tel.06-6978-2277（お客様係）
http://www.clover.co.jp/

ておりや
〒 530-0041　大阪市北区天神橋 2-5-34
tel.06-6353-1649
http://www.teoriya.net

ハマナカ株式会社
〒 616-8585　京都市右京区花園薮ノ下町 2-3
tel.075-463-5151 ㈹
〒 130-0005　東京都墨田区東駒形 2-19-3
ハマナカ東駒形ビル 4 階
tel.03-4235-5151 ㈹
http://www.hamanaka.co.jp

Special thanks

Lotte Wackerhagen（MAX 制作）

Let's knit your original socks!!